KB121612

# 좋은 인상 좋은 관상

編著 : 이남희
原著 : 마의선사

쉽게 풀어 쓴 麻衣觀相 ⓣ
# 좋은 人相  좋은 觀相

초판발행    2011년 10월 01일
개 정 판    2020년 05월 01일

지은이      이남희本主
펴낸이      김민철
펴낸곳      문원북
디자인      정한얼
등록번호    제 4-197호
등록일자    1992년 12월 5일
주소        서울시 마포구 토정로 222 한국출판콘텐츠센터 422
대표전화    02-2634-9846 팩스02-2365-9846
이메일      wellpine@hanmail.net
홈페이지    http://cafe.daum.net/samjai
ISBN 978-89-7461-456-0

이 책은 저작권법에 의해 보호를 받는 저작물이므로 저자와 출판사의 동의 없이
내용의 일부를 인용하거나 발췌하는 것을 금합니다.
이 도서의 국립 중앙도서관 출판사 도서 목록(CIP)은 서지정보 유통지원 시스템 홈페이지
(http://seoji.nl.go.kr)와 국가 자료 공동 목록 시스템(http://www.nl.go.kr/kolisnet)
에서 이용하실 수 있습니다. (CIP제어번호: CIP2019046627)

* 파손된책은구입처에서교환해드립니다

좋은 人相
좋은 觀相

# 觀相

관상을 보면 사람을 알 수 있다.

생김새 만 보아도 그 사람의 운을 대충은 알 수 있다는 소리다. 관상이란 얼굴의 골격 및 주요 부위를 포함하여 주름살, 점, 상처의 흔적, 목소리 등 함께 듣고 보고 종합적으로 사람의 운을 예견하는 학문이다. 요즘 관상에 관한 서적이 많이 나와있지만 일반인들이 이해하기는 어려운 설명으로 대부분 이루어졌고, 잘못된 내용들도 많다.

필자는 이런 현실에 더 이상 침묵만 할 수 없어서 관상학의 처음과 끝이라 할 수 있는 마의상법을 새롭게 해석한 뒤 일일이 그림으로 그려 설명했다. 이 과정에서 원문 내용과는 다른 관상 법으로 대체한 것도 있고, 손금 보는 법 역시 현실에 맞는 내용으로 바꿨다.

관상을 제대로 보려면 얼굴 생김뿐 아니라 좌우의 손금도 반드시 같이 봐야 한다. 얼굴에 나타나있지 않은 운명이 양쪽 손금에 숨겨져있고, 손금에 나타나있지 않은 인생길이 얼굴에 적나라하게 드러나있기 때문이다.

요즘 남자 직장인들에게 유행하는 눈썹 문신에서 볼 수 있듯이, 눈썹을 눈보다 길게 하여 관운을 좋게 하려고 한다. 몸에 병이 났을 때만 병원에 가는 것이 아니다. 마음의 상처를 입고 방황할 때 관상을 좋게 하여 소원을 성취할 수 있다면 적극 추천하고 싶다.

이 책은 마의상법을 쉬운 언어로 재해석했으되 필자가 청춘을 바쳐 연구하면서 나름대로 보완하고 검증을 거친 관상의 집합체이기도 하다.

여러분이 이 내용을 바탕 삼아 더 깊이 공부한다면 뜻한 바를 달성하리라 본다. 관상학이 오늘날까지 이어져올 수 있도록 기록해서 후세에 남겨주신 마의 선생님과 달마선사님 그리고 여러 선현들께 깊은 감사를 드린다.

庚子年 戊寅月 本主

# 목차

⑫ 제리꼬리처럼 뾰족한 이마의 머리

⑬ 이마주름

  - 끊어지지 않은 두세 줄의 주름 / - 열 십자 주름 / - 갈매기가 나르듯 끝이 위로 향한 주름

  - 끝이 아래로 간 주름

⑭ 뒷머리가 위쪽으로 발달한 상 / ⑮ 뒷머리가 아래쪽으로 발달한 상 / ⑯ 수골

## Part 03 얼굴, 이목구비로 본 길흉

  1) 코 / 2) 준두 살이 풍후한 코 / 3) 큰 코, 긴 코 / 4) 들창코 / 5) 콧구멍이 안 보이는 코

  6) 콧구멍이 큰 코 / 7) 콧구멍이 작은 코 / 8) 짧은 코

  9) 준두보다 콧방울이 아래로 처진 코 / 10) 콧구멍이 자주 벌렁벌렁 움직이는 코

  11) 턱이진 코 / 12) 매부리코 / 13) 콧대가 삐뚤어진 코

  14) 코의 산근이 지나치게 낮은코 / 15) 높이 솟은 인당에 움푹 들어간 산근

  16) 살결이 거친 코 / 17) 준두가 붉은 코 / 18) 준두에 가로 주름이 있는 코

  19) 준두에 흉터, 점 / 20) 세로 주름이 있는 콧날 / 21) 산근(코 뿌리)의 가로 주름

  1) 이상적인 입 / 2) 삐뚤어진 입 / 3) 입술이 늘 벌어져 치아가 밖으로 나온 입

  4) 얇은 입술 / 5) 큰 입 / 6) 작은 입 / 7) 두터운 입 / 8) 툭 튀어나온 입 / 9) 들어가 입

  10) 늘 열려있는 입 / 11) 아랫입술이 튀어나온 입 / 12) 윗입술이 아랫입술을 덮는 입

  13) 가로주름이 있는 입술 / 14) 선명하지 않은 입술 / 15) 검푸른 입술색깔

  1) 입술이 까 뒤집혀져 앞 치아가 늘 드러나 보이는 상 / 2) 윗니 두 개가 긴 토끼 형의 치아

  3) 치아와 잇몸이 훤히 드러나는 상 / 4) 크고 긴 앞니 / 5) 덧니 / 6) 옥니

## 신체부위로 본 길 흉

# 남녀의 여러가지 품격

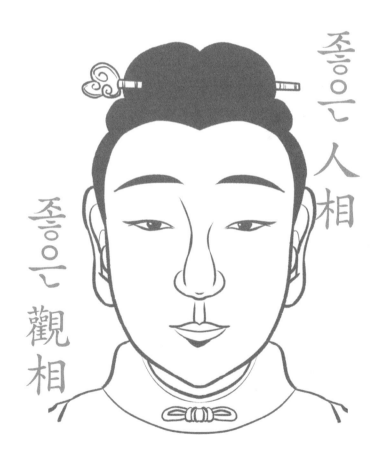

좋은 人相
좋은 觀相

# 1. 귀하고 착실한 품격의 상

▶ 얼굴이 둥글둥글하고 넉넉하게 생겼으면 따르는 사람들이 많고 말 한마디에 백 사람이 동의한다.

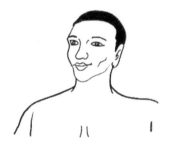

▶ 몸은 뚱뚱한데 얼굴이 마른 사람은 성격이 느긋하고 수명이 길다.

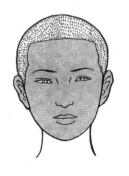

▶ 얼굴색은 거무스레한데 몸통이 흰 사람은 성격은 까다롭지만 귀하다.

▶ 얼굴은 울퉁불퉁 거친 듯 보이지만 몸집은 섬세하고 고우면 복이 따른다.

▶ 머리가 둥글고 목이 짧으면 부를 누린다.

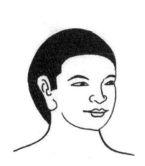

▶ 이마가 평평하고 뚜렷하면 귀하게 된다.

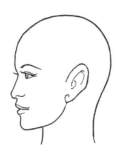

▶ 눈썹이 뒤엉키지 않고 윤기가 흐르면 신용이 있는 착실한 사람이다.

▶ 눈길이가 길고 눈빛이 맑으면 귀하게 되고, 코가 둥그스름하게 생겼으면 부귀하고 수명이 길다.

팔자눈썹

▶ 눈썹이 여덟 팔자로 생기면 타인과 화합을 잘하고 복이 있다.

세로 주름이 많은 입술

▶ 입술에 붉은 색이 나고 윤곽이 뚜렷하면 이름 있는 부인이 된다.

▶ 입술이 붉은색이면 남편에게 도움을 준다.

▶ 입술에 세로주름이 많으면 아들이 많다.

▶ 혀가 연꽃처럼 붉으면 현숙한 부인이
된다.

▶ 치아가 석류알처럼 희고 또렷하면 이름
을 알린다.

▶ 인중이 길고 넓으면서 곧으면 아들을 많
이 둔다.

▶ 눈 아래 누당에 윤기가 흐르면 자녀에게
복이 있다.

윤기가 흐르는 누당

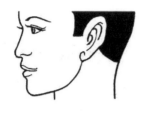

▶ 귀가 두텁고 불그스레한 색깔이면 귀
  하게 된다.

▶ 뺨과 턱에 살이 두둑하면 부와 귀함이
  있다.

▶ 머리카락 가늘기가 실 같고 피부가 부
  드러우면 귀하다.

▶ 웃을 때 눈이 감기는 여자는 남과 화합할
줄 아는 여자다.

▶ 말수가 많지 않고 목소리가 맑아서 흐르
는 샘 같은 여자는 귀한 상이다.

▶ 웃을 때 치아가 드러나지 않는다.

▶ 몸을 움직일 때 성급치 않으면서 앉고 일
어설 때의 행동이 단정하다.

▶ 손가락이 가늘면서 손바닥이 두텁고 손
금에 실금처럼 가는 선들이 많으면 사려
심과 배려심이 많다.

▶ 손바닥이 붉고 부드러우면 부유하고 복
이 많다.

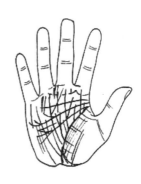

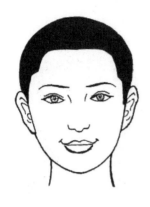

▶ 눈빛이 따뜻하고 맑으며 피부에 윤기가 있다.

▶ 성격이 성급치 않고 부드러우면 복이 많고 장수한다.

▶ 눈빛이 안정돼 있고 얼굴색이 밝으면 절개가 곧다.

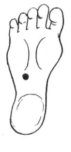

▶ 발바닥에 사마귀가 있으면 귀하게 되고 배우자에게 도움을 준다.

▶ 젖꼭지 부근에 돌돌 말리는 털이 있으면 귀한 자녀를 둔다.

▶ 기본 골격이 잘 갖추어져 있고 눈빛과 몸에서 은은한 광채가 나서 위엄 있게 보인다.

▶ 눈썹 숱이 뒤엉키지 않고 바르게 잘 나 있으며 눈썹에서 윤기가 흐른다.

▶ 피부에 윤기가 흐르면서 밝은 복숭아빛이 돈다.

▶ 말과 행동이 무겁고 진실하다.

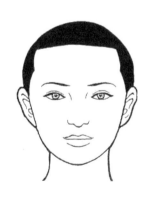

▶ 이마, 턱, 코, 광대뼈가 두텁고 너그러워서 조화를 잘 이루고 있다.

▶ 행동에 안정감이 있고 평평한 냇가에 물이 흐르는 듯한 목소리를 가졌다.

▶ 표정이 온화하고 정감이 흐른다.

## 2. 부자가 될 상

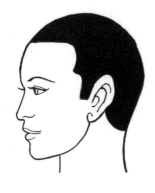

▶ 귀의 살이 두텁고 이마가 둥글다.

▶ 흘겨보지 않고 시선이 바르다.

▶ 인중의 골이 바르고 분명하면 성격도 바르다.

▶ 눈썹 숱이 뒤엉키지 않고 바르게 잘 나 있으며 눈썹에서 윤기가 흐른다.

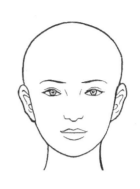

▶ 피부에 윤기가 흐르면서 밝은 복숭아빛
  이 돈다.

▶ 성품이 부드럽고도 힘이 있는 듯 하다.

▶ 광대뼈와 콧대에 살이 감싸고 있고 바
  르다.

▶ 몸이 아담하고 태도가 분명하다.

▶ 눈동자의 흑백이 또렷하고 눈빛이 맑다.

흘겨보는 눈

▶ 사물을 바라볼 때 곁눈질이나 흘겨보지
  않고 아름다우면서 위엄이 풍긴다.

▶ 걸음걸이가 부드럽다.

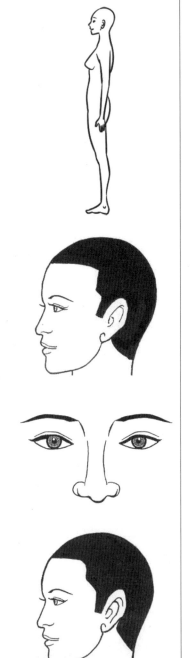

▶ 몸이 약간 마른 듯하다.

▶ 귀의 살이 두텁고 이마가 둥글다.

▶ 콧대가 휘어지지 않고 똑 바르다.

▶ 머리카락 숱이 짙다.

▶ 목소리가 맑게 울린다.

# 3. 고독하거나 단명할 상

▶ 골격이 가늘고 약하면서 살만 찐 사람은
수명이 그리 길지 않다.

▶ 몸은 말랐는데 얼굴은 살찐 듯 뚱뚱해 보
이면 성격이 급하고 수명이 길지 못하다.

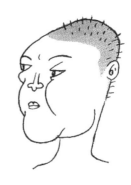

▶ 콧대가 낮고 눈썹과 눈이 붙어 있으며 인
중이 짧은 사람은 수명이 그리 길지 않다.

▶ 이마가 좁으면서 머리카락 난 부분이 많
이 차지하면 빈천하다.

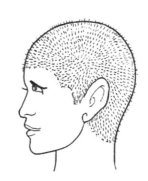

▶ 목을 똑 바로 가누지 못하고 얼굴이 삐뚤어져 있는 사람은 고독하고 수명이 그리 길지 않다.

▶ 눈빛에 집중력이 없어 보이고 흩어진 사람은 수명이 그리 긴 편이 아니다.

▶ 눈에 정기가 없으면 장수하지 못한다.

▶ 눈이 탁해서 흑백이 분명치 않은 사람은 고독하고 수명이 그리 긴 편이 아니다.

▶ 머리와 몸의 생김이 바르지 않고 어딘가 삐뚤어진 듯 보이면 고독하고 수명이 그리 길지 않다.

▶ 눈썹 생김이 누운 달 같으면 고독하다.

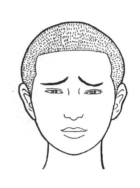

▶ 인중의 골이 매우 좁으면 자식이 적거
  나 없다.

좁은 인중

▶ 입은 큰데 탄력이 없고 늘어진 느낌의
  입모양이면 가난하게 살고 세 번 시집
  간다.

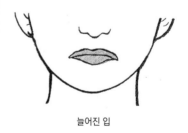

늘어진 입

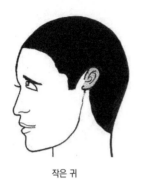

작은 귀

▶ 귀가 작으면서 색깔이 거무름하면 가난하게 살며 수명도 짧다.

▶ 얼굴에 사마귀 같은 점이 많으면 고독하게 산다.

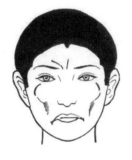

▶ 얼굴이 늘 일그러지게 보이고 이마가 좁으면 빈천하게 산다.

▶ 목이 가늘면서 길면 남편에게 해롭다.

▶ 말할 때 한숨을 내쉬며 탄식을 하는 습관
을 가진 사람은 가난하다.

▶ 입을 가리고 웃는 사람은 다른 사람의
사정을 돌볼 일이 많다.

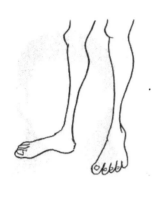

▶ 발은 큰데 다리가 가늘면 가난하게 살면
서 몸만 바쁘다.

▶ 젖꼭지가 작으면 자식도 없고 재물도
적다.

▶ 젖꼭지가 흰색이면 자식이 없고 수명이
그리 긴 편이 아니다.

▶ 젖가슴은 큰데 엉덩이에 살이 없으면 남
의 집살이를 하며 산다.

▶ 머리통에서 머리카락이 난 부위는 큰데 얼굴 면상이 작으면 고집이 세고 포용력이 없다.

▶ 허리가 개미의 허리처럼 잘록하면서 배꼽이 작고 뾰족 나온 사람은 가난하고 수명이 길지 못하다.

▶ 몸의 뼈는 가늘고 약한데 머리숱이 차지하는 부위가 큰 사람은 고독하고 수명이 그리 긴 편이 아니다.

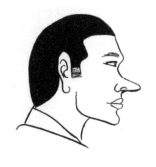

▶ 산봉우리같이 코만 홀로 우뚝 솟은 사람은 고독하다.

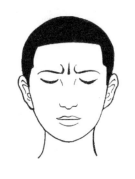

▶ 눈을 감으면 미간(인당)에 주름이 잡히는 사람은 고독하다.

▶ 눈썹 아래 전택궁에 거무스름한 그림자가 있는 사람은 천하고 고독하다.

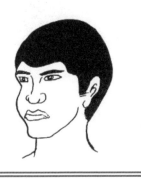

▶ 이마가 좁은 사람은 고독하다.

▶ 눈과 눈 사이가 우묵하게 들어간 사람은
고독하다.

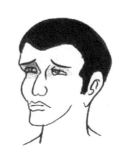

▶ 피부에 윤기가 없고 시들어 보이는 사
람은 고독하고 수명이 그리 긴 편이 아
니다.

▶ 몸이 찬사람은 포용력이 부족하고 고독
하다.

▶ 얼굴 턱이 뾰족하고 귀가 작은 사람은 고
독하고 수명이 그리 긴 편이 아니다.

▶ 피부가 얇은 사람은 성격이 예민하고 가
난하다.

▶ 음낭(불알)에 주름이 없는 남자는 고독
하고 천하다.

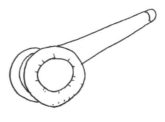

주름이 없는 불알(음낭)

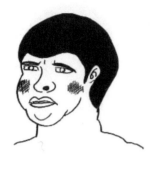

▶ 혈색은 좋은데 피부에 윤기가 없는 사람은 고독하고 수명이 그리 긴 편이 아니다.

▶ 배와 엉덩이에 살이 없는 사람은 고독하다.

▶ 배꼽이 작으면서 튀어나온 사람은 천하고 고독하다.

털이 없는 남자

▶ 남자의 몸에 털이 거의 없는 사람은 고독하고 천하다.

▶ 다리가 가늘어 쓸쓸한 느낌을 주는 사람은 고독하다.

▶ 학의 다리 같이 정강이가 휘어져있는 사람은 고독하고 장수상이 아니다.

▶ 어깨나 등이 삐뚤어진 사람은 고독하며 장수상이 아니다.

▶ 살은 많은데 뼈가 가는 사람은 고독하고 수명이 그리 긴 편이 아니다.

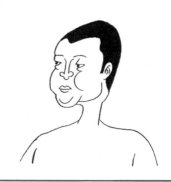

▶ 얼굴이 마르고 주름살이 많은 사람은 고
독하고 수명이 그리 길지 못하다.

▶ 얼굴색이 늘 어두운 사람은 고독하고 수
명이 그리 길지 않다.

 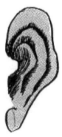

윤곽이 또렷하지
않은 귀

윤곽이
또렷한 귀

▶ 귀의 윤곽이 뚜렷치 않은 사람은 고독하
고 수명이 그리 길지 않다.

▶ 턱을 받치고 손톱을 씹는 버릇이 있는 사
람은 고독하다.

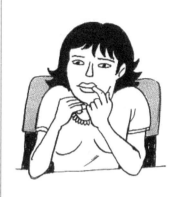

▶ 입술이 창백하고 얇은 사람은 고독하고
수명이 그리 길지 않다.

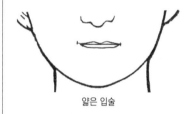

얇은 입술

▶ 혼잣말로 무언가 중얼 중얼거리는 사람
은 고독하고 수명이 그리 길지 않다.

▶ 한숨을 쉬고 나서 기지개를 켜는 사람은
고독하다.

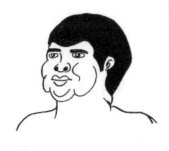

▶ 뚱뚱하게 살이 찌고 머리카락 숱이 많은 사람은 수명이 그리 길지 못하고 고독하다.

붙어 있는 눈썹

▶ 눈썹이 눈을 가릴 정도로 붙어 있는 사람은 고독하고 배려심이 없다.

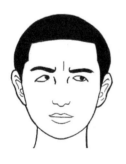

▶ 양미간에 희미한 세로 주름이 그어진 사람은 고독하다.

▶ 목소리가 작으면서 갈라진 음성이면 재물이 적고 액운이 따른다.

▶ 바람에 흔들리는 버드나무 가지처럼 몸을 흔들며 걷는 사람은 천하다.

▶ 두 눈썹이 붙어서 미간이 없는 듯 한 사람은 가난하고 고독하게 산다.

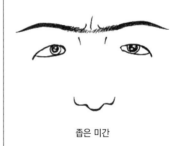

좁은 미간

▶ 남을 보고 자신의 얼굴을 가리는 사람은 고독하다.

# 4. 천하거나 악한 상

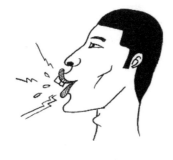

▶ 의욕은 있는 듯하나 행동이 단정치 못한 사람은 천하다.

▶ 입술이 젖혀지고 치아가 늘 드러나 보이는 사람은 천하다.

▶ 언어에 조심성이 없는 사람은 천하고 장수 상이 아니다.

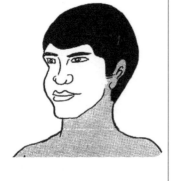

▶ 얼굴은 흰 데, 몸통은 거무스레하면 경솔하고 천하다.

▶ 머리 정수리가 뾰족하면 천하다.

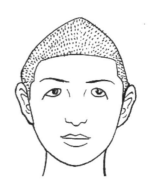

▶ 이마 가장자리 머리카락에 돌돌 말린 털 (가마)이 있으면 결혼해서 액운이 닥친다.

▶ 얼굴은 곱게 보이지만 몸집이 거칠게 생긴 사람은 고독하다.

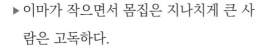

▶ 이마가 작으면서 몸집은 지나치게 큰 사람은 고독하다.

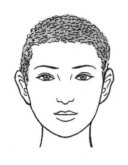

▶ 머리카락이 곱슬이고 색깔이 불그스름 하거나 누르스름하면 가난한 하천배다.

▶ 머리카락이 늘 뒤엉켜 있고 양쪽 눈썹이 붙어 있으면 배우자에게 해로움을 주고 아이를 출산할 때 난산한다.

뒤엉킨 눈썹

▶ 눈썹 숱이 적으면서 뒤엉켜 있으면 성격 이 삐뚤어져 있고 재혼을 하게 되며 자녀 와의 인연이 멀다.

▶ 눈이 톡 불거져 나왔으면서 사백 안이면 성격이 포악스럽고 배우자를 해롭게 한다.

▶ 눈이 우묵하게 들어가 있고 흘깃 흘깃 흘겨보는 사람은 음흉하고 간사스러운 성격으로 배우자에게 해롭고 사이도 나쁘다.

▶ 이마는 큰데 코가 작고 납작한 사람은 고독하고 천하다.

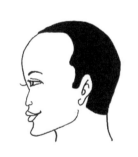

▶ 누당에 윤기가 없고 건조하면 자녀에게 해롭다.

▶ 눈동자가 드러난 눈에 광채가 있고 입이 크며 눈동자가 누르끼리 한 색깔 있는 사람은 성격상 문제가 있고 배우자에게 해롭다.

▶ 머리를 들고 흘끔흘끔 곁눈질로 남을 보는 여자는 화류계 여자가 된다.

▶ 눈 위에 가는 실금이 많으면 배우자와 자녀에게 해롭다.

눈자위의 실핏줄

▶ 붉은색의 실핏줄이 흰자위에 나 있으면 이성 때문에 법적인 문제가 발생하거나, 임산부일 경우 출산할 때 자신이나 아이에게 해롭다.

▶ 콧대가 낮고 굴곡이 있으면서 들창코 여자는 성품이 악독하고 가난하면서 천하게 살 사람이다. 혹은 중년 무렵 부부 사이에 파란이 일어난다.

▶ 눈동자가 사팔뜨기면 교활하고 욕정이 많아서 이성 때문에 말썽이 일어난다.

▶ 코에 살이 없어 뼈가 드러나 보이고, 콧대가 삐뚤어져 있으면 성품이 악독하고 천하다.

▶ 콧잔등에 가로주름이 있으면 젊어서 배우자를 잃는다.

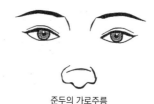

준두의 가로주름

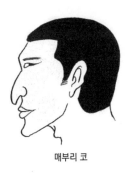

매부리 코

▶ 코끝이 뾰족한 매부리코의 소유자와 코끝이 뾰족한 사람은 포용력이 없고 매정하며 이기적이다.

▶ 인중에 가로 주름이 있으면 배우자를 잃는다.

▶ 인중 부근에 수염이 그무스레 난 여자는 성격이 완악하고 과부가 된다.

▶ 턱이 뒤로 들어가 있으면서 짧고 광대뼈가 높으면 배우자를 잃는다.

▶ 양쪽 이마가 불거져 높으면 심술이 많다.

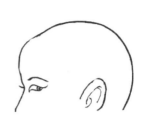

▶ 입이 불을 부는 것처럼 툭 튀어나오면 홀
로되어 고독하다.

▶ 콧대가 바르지 못하고 턱이 진 사람은 포
용력이 없고 완고하다.

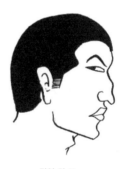

턱이 진 코

▶ 입술이 얄팍하면서 뾰족하게 생겼으면
남의 눈총을 받으며 산다.

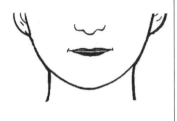

▶ 입술이 얇아서 한 일자로 그은 것처럼 생긴 사람은 성격이 매정하고 하천배다.

▶ 입술이 용의 주둥이처럼 튀어나온 여자는 남편을 죽이고 자신도 악하게 죽는다.
▶ 입술이 젖혀지고 앞 치아가 늘 드러나 있는 사람은 배우자에게 해롭고 자신도 액운이 닥친다.

▶ 입술색이 푸르스름하고 혀가 거무스름하면 음란하게 색을 밝히는 하천배다.

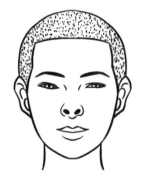

▶ 들창코를 가진 사람은 성격이 급하고 하천하다.

▶ 얼굴에 광대뼈만 툭 불거져 치솟은 사람
은 마음 씀씀이가 불량하고 배우자에게
도 해롭다.

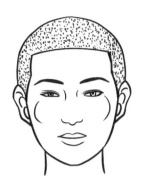

▶ 눈썹이 없는 사람은 의리도 없고 성격이
교활하며 나중에 고독하게 된다.

희미한 눈썹

▶ 광대뼈가 한쪽은 낮고 한쪽은 높은 사람
은 한쪽 부모와의 인연이 멀고 천하다.

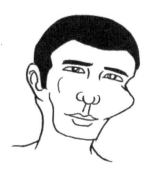

▶ 튀어나온 광대뼈에 비해 턱이 짧은 사람은 이기적이고 고독하다.

▶ 턱이 뾰족하고 광대뼈가 옆으로 뻗어 있으면 변덕이 심하고 천하다.

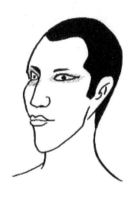

▶ 얼굴이 길쭉하고 눈에 흰자위가 많은 사람은 성격이 악독하고 교활하다.

▶ 얼굴이 길고 눈이 움푹 들어간 사람은 음흉하다.

▶ 뱀 같은 눈길로 보는 사람은 교활하고 거짓이 많다.

▶ 눈 주변에 살이 감싸지 못하고 뼈가 드러나 있고 눈빛이 날카로운 사람은 이기적이고 매정하다.

▶ 성품이 교활하면서 목소리가 커다란 여자는 성격이 사납고 강해서 결혼에 실패한다.

▶ 목소리가 시원하게 트이지 못하고 거친 느낌의 여자는 뜻밖의 사고를 주의해야한다.

▶ 소리가 크면서 목소리에 따뜻한 기운이 없으면 남편에게 해롭다.

▶ 쥐의 눈 같이 생긴 눈으로 두리번 거리며 보는 사람은 거짓과 잔꾀가 많으며 교활하다.

▶ 곁눈질로 흘끔흘끔 사물을 보는 사람은 사기와 거짓이 많고 도둑놈 심보를 가졌다.

곁눈질하는 눈

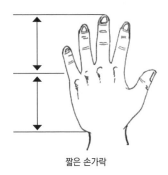

짧은 손가락

▶ 손가락이 짧고 굵으면 고생하며 사는 하
천배다.

▶ 입이 지나치게 큰 사람은 고집이 세고 하
천하다.

▶ 심성이 거칠어 남성화된 여자는 고독하
고 천하다.

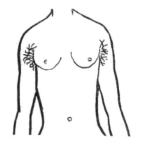

▶ 겨드랑이에 돼지털처럼 억센 털이 난 여
자는 음욕이 강하고 천하다.

▶ 피부가 거칠고 뼈마디가 거친 여자는 부부 사이에 이별운이 있고 인생이 힘들어진다.

▶ 앉아서 무릎을 흔드는 사람은 음란한 마음이 넘치는 사람이다.

▶ 눈은 큰데 검은 눈동자가 작은 사람은 교활하고 이기적이다.

▶ 치아가 크고 목이 가는 사람은 음욕이 강하고 천하며 나중에 고독하게 된다.

▶ 얼굴이 길고 입이 큰 사람은 완고하고 교활하며 악하다.

▶ 입술이 젖혀지고 늘 치아가 드러나 있는 사람은 배우자에게 해롭다.

▶ 뱀처럼 곁눈질하면서 행동이 참새처럼 촐싹대는 여자는 가난하고 천하게 산다.

▶ 아래턱이 삐뚤어진 사람은 거짓이 많고
삐뚤어진 심성을 가졌다.

▶ 광대뼈가 치솟아 있고 엉덩이가 큰 여자
는 남편에게 해롭다.

▶ 배꼽이 성기에 가깝게 있으면서 튀어나
온 사람은 고독하고 천하다.

푸르스름한 입술

▶ 입술이 푸르스름하게 녹슨 것처럼 보이는 사람은 거짓이 많고 음흉 스러우며 천하다.

▶ 엉덩이가 삐뚤어지고 턱이 없는 사람은 고독하고 천하다.

▶ 엉덩이를 흔들며 뒤뚱뒤뚱 오리같이 걷는 사람은 고독하고 천하다.

▶ 참새 같이 깡충깡충 걷는 사람은 경솔하고 천하다.

▶ 뱀처럼 행동이 은밀하고 참새처럼 폴짝폴짝 걷는 사람은 음흉하면서 경솔하다.

▶ 몸은 비록 아담한 듯 보이지만 말과 행동이 경솔하면 천하다.

깡충    깡충

▶목을 옴츠리고 혀를 내미는 버릇이 있는
　사람은 천하다.

▶말이 울듯 웃는 사람은 천하다.

▶목소리에 무게가 없고 가볍게 들리면 경
　솔하고 천하다.

히히히힝~~

▶웃음이 헤프고 입술이 실룩거리는 사람
　은 경솔하고 천하다.

▶눈 주변에 불그스름한 도화빛이 돌면 음
　욕이 강하고 천하다.

# 5. 관상에 좋은 면과
   나쁜 면이 뒤섞여 있다

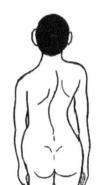

▶ 머리가 비록 둥그스름해서 좋은 듯하지만 허리가 구부러져 있다면, 활동력에서 문제가 있다.

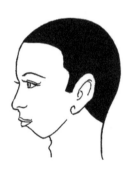

▶ 이마는 넓고 번듯하게 생겼으나 턱이 뾰족하다면, 이는 사회성과 순발력이 있어서 좋지만 자칫 경솔하게 비치면서 신뢰감이 떨어지는 사람이라고 볼 수 있다.

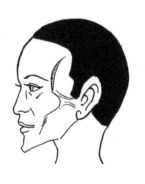

▶ 뼈는 탄탄하게 생겼지만 살이 감싸주지 못하다면, 의욕과 추진력은 좋지만 은근함이 부족하다.

▶ 머리카락이 검고 숱도 적당하지만 윤기
가 없고 거친 느낌이 든다면, 이는 현재
운이 좋지 못하고 영양상태도 나쁘다.

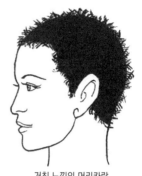

거친 느낌의 머리카락

▶ 눈 길이가 길어서 관상적으로 하자 없
어 보이지만 눈썹이 딱 붙어서 눈을 짓
누르는 듯하면, 사고방식과 일처리에서
치밀하고 완벽해서 좋지만 주변과 융합
하고 포용하는 데 문제가 있다.

▶ 입술이 도톰하면서 반듯하고 색깔도 좋
지만 치아가 고르지 못하다면, 어렸을
때 병약했거나 성격에 문제가 있다고
볼 수 있다.

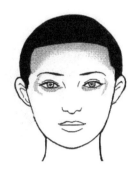

▶ 얼굴에 살이 잘 감싸서 좋은 듯 보이지만 피부색이 창백하거나 거무스름하다면, 이는 현재 운이 막혀있다.

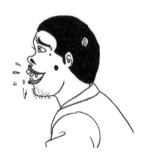

▶ 목소리는 화창하게 밝은 듯 하지만 사람이 어리석어 보인다면, 현재 일시적으로 기분이 상승되어 있어서 상대방을 착각하게 만든다.

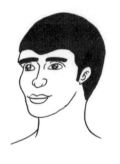

▶ 눈빛이 맑지만 주변 상황을 구분 못하는 사람이라면, 바탕 심성은 착하지만 일에 대한 추진력과 도전정신, 진취성이 떨어지는 사람이라고 볼 수 있다.

▶ 앉아 있는 모양은 단정하지만 음식을 질 질 흘리며 먹는다면, 단정하게 보이는 것은 일시적 착시 현상일 수 있고 아니 면 현재 긴장되고 당황한 상태라고 볼 수 있다.

▶ 사람의 얼굴이 비록 잘 생기지 않았더라 도 눈빛이 살아 있고 피부색이 좋다면, 그 사람의 현재 운세는 좋다.

▶ 눈이 길고 생김에서 큰 하자가 없는 듯 보이지만 맑음이 적고 눈빛이 살아 있지 못하다면, 이는 현재 집중력이 떨어져 있 고 운이 나쁜 상태다.

흐린 눈빛

탁한 눈빛

▶ 눈이 비록 크나 눈빛이 어둡고 탁하면, 관상적으로 좋은 눈이 아니다.

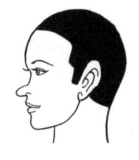

▶ 코가 비록 크나 콧마루를 내려오는 줄기 가 중간에서 푹 꺼져 있다면, 질병에 약 하거나 말년이 편치 못하다.

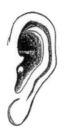

좁은 귓구멍

▶ 귀가 비록 크더라도 귓구멍이 얕으면 좋 은 귀의 상이라고 볼 수 없다.

▶ 눈썹이 눈에서 멀리 떨어져 전택궁이 훤히 열려서 시원해 보이지만 눈썹 숱이 뒤엉켜 있고 눈 길이보다 짧으며 윤기가 없다면, 이는 성격이 삐뚤어진 사람이다.

뒤엉킨 눈썹

▶ 입이 크며 윤곽이 뚜렷하고 입술 색깔도 밝아서 관상적으로 일견 좋은 듯 보이지만 입술이 얇고 뾰족하다면, 이는 좋다고 볼 수 없다.

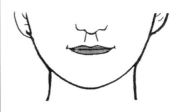

▶ 입이 크고 윤곽도 반듯하면서 도톰해 좋은 입이라고 착각할 수 있을지 모르나 입의 양쪽 가장자리(구각)가 아래로 축 쳐져 있으면, 긍정보다는 부정적 생각이 강하다.

처진 입술

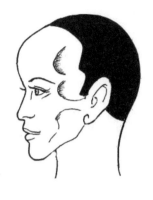

▶ 이마가 넓게 솟아 올라 있으나 살집이 없이 뼈만 드러난 듯 보인다면, 이는 포용력이 부족하고 화합에 서투른 사람이다.

▶ 목소리가 크고 우렁차 보여서 좋은 듯 하지만 소리가 갈라지고 슬픈 느낌이 든다면, 불안정한 심리 상태든지 좋은 운이라고 볼 수 없다.

▶ 몸이 비록 장대해서 좋은 듯하지만 행동 거지가 위태로워 불안하다면, 이는 관상적으로 좋은 몸이라고 할 수 없다.

▶ 눈이 비록 작으나 길이가 길고 눈빛이 은은하게 살아 있다면, 좋은 눈이다.

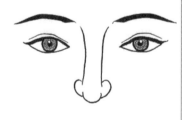

▶ 코가 비록 작으나 준두가 암팡지게 생겼고 콧대가 힘차다면, 이는 순발력과 수완이 좋은 코다.

▶ 입이 일견 작은 듯 보이지만 입술이 도톰
하면서 양쪽 가장자리(구각)가 위로 향
하고 있다면, 긍정적이고 진취적인 입을
가진 관상이다.

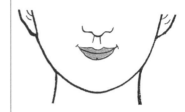

▶ 귀가 작은 듯하지만 암팡지고 단단하고
색깔이 밝다면, 현재 운이 좋다.

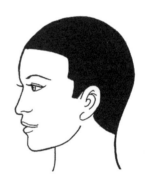

▶ 이마가 비록 좁은 듯 하지만 흠이 없이
매끈하다면, 무난한 이마다.

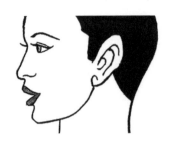

▶ 목소리가 비록 작지만 울림이 있고 발음이 또렷하다면, 자신이 있는 좋은 목소리라 할 수 있다.

▶ 얼굴이 작아서 일견 오종종하게 보이지만 피부색이 밝으며 각 부위가 서로 유기적으로 짜임새가 있다면, 좋은 얼굴 관상이다.

▶ 덩치가 비록 작지만 행동에 흐트러짐이 없고 단정하다면, 순발력이 있고 용의주도하다.

위의 여러 예에서 보듯이 신이 아닌 이상 인간이라면 누구나 단점과 장점이 뒤섞여 있다.

가난하게 살 관상의 소유자가 부유하게 산다면 수명이 짧은 사람도 있다. 반대로 가난하게 살아서 수명이 긴 사람도 있고, 귀하지만 가난하게 사는 운명도 있다.

또한 초년에는 부유하게 살지만 나이가 들수록 가난해지는 사람도 있고, 초년에는 가난했지만 세월이 흐를수록 부유해지는 관상도 있다.

그리고 초년에는 귀한 운이었지만 나중에 천하게 되는 사람도 있고, 초년엔 천하게 살았지만 후에 귀하게 되는 사람도 있다.

이런 상반되는 운을 정밀하고도 꾸준하게 관찰한다면 능히 미래를 예측할 수 있을 것이다.

장점과 단점이 뒤죽박죽 섞여 있는 인간의 얼굴들은 글이나 말로 일일이 다 설명할 수 없을 정도로 다양하고 폭이 넓기 때문에 이 숙제는 독자 각자가 오랜 세월 관찰하고 연구해서 풀어야 될 과제다.

# 6. 장수 할 상

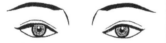

▶ 귀볼이 길게 늘어져 있다.

▶ 눈빛이 고요하고 안정감이 있다.

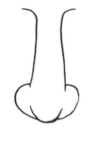

▶ 콧대가 살이 풍부하고 길다.

▶ 인중이 깊고 넓다.

▶ 살이 감싼 광대뼈가 나오고 목이 든든
하다.

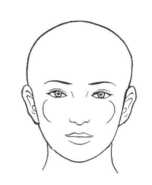

▶ 눈빛이 맑고 눈동자의 흑백이 분명하다.

▶ 목소리가 탁하지 않고 가늘면서 맑고 울
림이 있다.

▶ 목에 두 가닥의 실금이 있다.

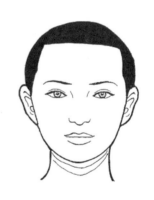

▶ 뱃가죽 살이 넉넉하다.

▶ 앉은 자세가 흐트러짐이 없고 단정하다.

# 7. 부자가 될 상

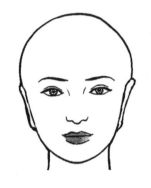

▶ 귀가 전면에 드러나지 않고 볼에 착 붙었다.

▶ 입술이 얇지 않고 약간 두터운 편이다.

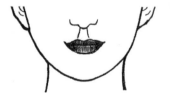

▶ 뺨의 볼 살이 도톰하다.

▶ 턱 아래가 뾰족하지 않고 넓다.

▶ 손바닥에 붉은빛이 돌고 윤기가 흐른다.

▶ 인중이 길고 근처의 살이 두둑하다.

▶ 난대와 정위(좌우 콧방울)의 윤곽이 뚜렷하다.

▶ 허리가 둥글고 등이 두텁다.

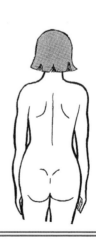

# 피부·골격
# 이마·주름

▶ 유년운기 100개 위치

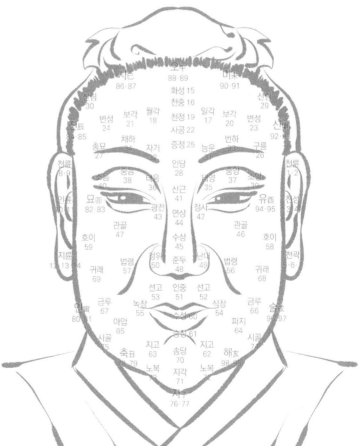

오른쪽

# 1. 피부

▶ 피부가 부드러우면서 향긋한 냄새가 느껴지는 듯하면 부자의 아내가 될 여자이다.

▶ 여성의 피부가 솜처럼 부드러우면 평생 흉한 일이 적다.

▶ 피부로 귀천을 나눈다면 살결이 부은 것처럼 부풀어 오르지 않아야 하며 피부가 긴장하지 않아야 좋다.

▶ 피부가 거무스레하면서 냄새가 나고 이곳 저곳에 혹이 많으면 어려움이 많다.

▶ 젊어서부터 살이 찌고 기가 부족한 사람은 49세를 넘기기 어렵다.

▶ 살결이 거칠고 윤기가 없으면 끝내 편하게 지내지 못한다.

## 2. 골격

▶ 뼈는 지나치게 솟지 말아야 하고 드러나
  지 않아야 한다.

▶ 뼈와 마디는 단단한 바위를 닮은 것이므
  로 둥글되 거칠지 않아야 된다.

▶ 남달리 귀한 골격을 갖추고있다 해도 피
  부에 윤기가 흐르고 색깔이 좋아야 한다.

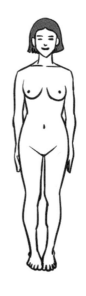

▶ 흔히 골격을 보고 천함과 귀함을 분별
  하지만 골격은 눈동자의 뚜렷함만 못하
  니라.

▶ 뼈가 앙상한 사람이 어깨가 처지면 가난
하지 않으면 명이 길지 못하다.

▶ 뼈가 드러나서 추워 보이는 사람은 빈
궁하게 산다.

▶ 골격이 연약한 사람은 수명이 길지라도
즐겁게 살지 못한다.

▶ 골격이 단단하지 못하면 가난하고 천
하다.

▶ 골격이 가늘고 수려한 사람일지라도 손
이 거칠고 굳어 있으면 보통 사람에 지
나지 않는다.

▶ 모든 부위가 유기적으로 조화를 이루어
야 하는데 그렇지 못하면 부귀함이 오래
가지 못한다.

▶ 골격이 바르지 않고 삐뚤어져 있으면 험
한 꼴을 당한다.

▶ 늙어서까지 한가롭지 못하고 가난한 것은 힘줄과 뼈가 거친 까닭이다.

▶ 골격이 거친 사람은 어리석고 우둔하다.

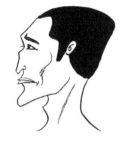

▶ 천정에서 정수리로 올라간 복서골이 두드러지면 높은 지위에 오른다.

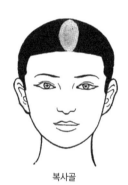

복사골

▶ 인당에서 정수리로 올라간 뼈를 천주골이라 하는데 천주골이 솟으면 높은 지위에 오른다.

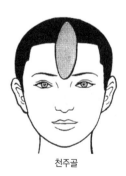

천주골

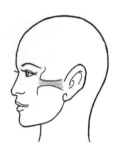

▶광대뼈는 권세를 나타낸다.

▶광대뼈에서 귀로 연결되는 뼈를 옥양골
이라고 하는데, 옥양골이 솟은 사람은 장
수한다.

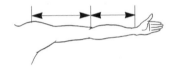

▶어깨에서 팔꿈치까지의 뼈를 용골(龍骨)
이라 부르고 임금을 상징한다. 그리고 팔
꿈치에서 손목까지를 호골(虎骨)이라 하
는데 신하를 뜻한다. 신하 뼈인 호골이
용골에 비해 길면 신하가 임금을 상극하
게 되는 것이고 빈천하다.

▶왼편과 오른쪽 눈 위의 뼈가 발달하고 이
마로 뻗은 것을 성골(城骨)이라 부르는데
높은 지위에 오른다.

▶ 인당의 뼈가 솟아서 위 이마까지 이르면 이를 삼주골(三柱骨)이라 부른다. 여기에다 광대뼈까지 솟으면 권세를 누린다.

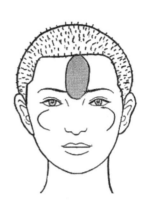

12궁十二宮

오른쪽

# 3. 이마와 뒷머리 11가지

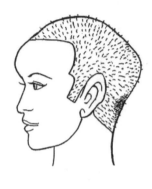

▶ 머리에서 튀어나온 뼈는 나쁜 것이 없다.

▶ 머리에 뿔처럼 튀어나온 살은 매우 귀하
  게 된다.

▶ 뒷머리의 뼈가 마치 산처럼 불룩 솟은 사
  람은 부귀해진다.

▶ 뒷머리뼈가 울퉁불퉁 솟아 있으면 재물
  이 점점 쌓이게 되고 장수한다.

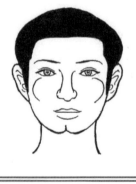

▶ 범의 머리통처럼 크고 제비 턱같이 양 볼
  이 늘어지면 나라를 이끌게 된다.

## 옥양골(玉枕骨) 부위도

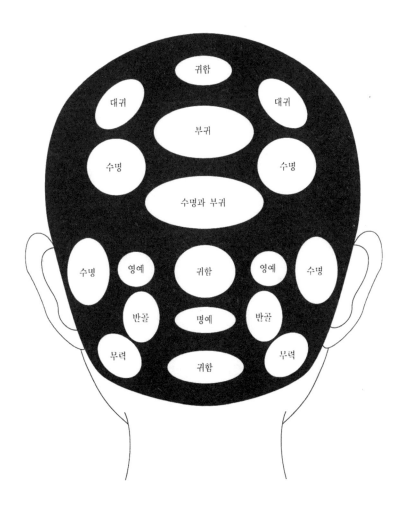

고서(古書)에 두무악골(頭無惡骨)이라 하여 머리에는 나쁜 골이 없다고 하였다. 그러나 반골은 접시 모양처럼 생겼는데 배신할 수 있으므로 나쁜 골이다.

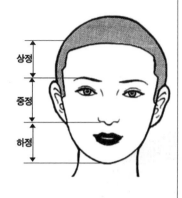

## 1) 상정, 중정, 하정에 대해서

얼굴을 나란히 삼등분했을 때 상정은 머리에서 눈썹 위까지를 말하고, 중정은 눈썹에서 코끝까지, 하정은 코끝에서 턱 끝까지를 칭한다.

옛 관상 서적이나 서점에 나도는 관상 책자들을 보면 상정은 유아기에서 25세까지의 운세를, 중정은 26세에서 50세까지의 운수를, 하정은 51세부터 말년까지의 인생을 나타낸다고 설명이 돼있다.

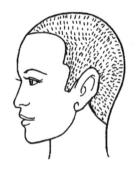

## 2) 이상적인 머리 형태

▶ 머리의 골격은 야무지고 단단한 느낌이 들면서 둥글게 솟아야 하고 그것을 피부가 두텁게 감싸야 좋다.

▶ 머리 골격을 감싸는 피부가 엷으면 가
난하다.

▶ 머리의 왼편과 오른쪽의 기울기가 다른
사람은 부모와의 인연이 좋지 못하다.

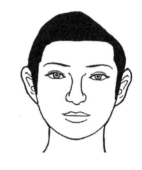

### 3) 명칭과 이상적인 이마와 흉한 이마

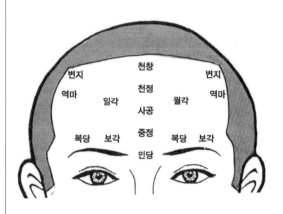

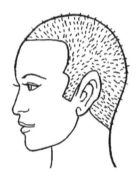

## 이상적인 이마

▶ 뼈가 단단한 느낌이어야 한다.

▶ 점이나 흉터 등 흠이 없어야 좋다.

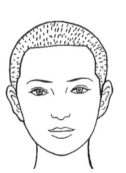

### ① 넓고 살이 풍부하게 감싼 이마

▶ 사회성과 직관력이 뛰어나다.

▶ 한꺼번에 많은 사람들을 상대하는 직업
  이 잘 어울린다.

▶ 이름을 많이 얻으며 살아갈 상이다.

▶ 인당까지 넓다면 지능과 기억력이 좋은
수재형 상이다.

② 위 부분이 튀어나온 이마
▶ 재치가 있다.

▶ 이해력이 풍부하다.

▶ 조숙하고 운이 빨리 트이는 편이다.

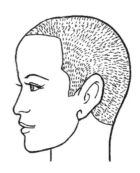

③ 아래 부분이 나온 이마
▶ 관찰력과 분석력이 좋다.

▶ 진취적이다.

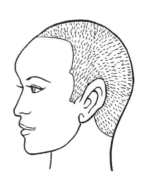

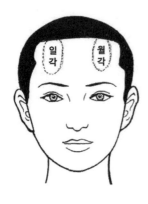

④ 일각과 월각이 솟은 이마
▶ 순발력과 직관력이 발달해 있다.

▶ 대인관계에서 리더의 자질을 갖추고
  있다.

▶ 명예운이 좋다.

▶ 직업으로는 많은 사람 앞에 나서는 업종
  이 잘 어울린다.

▶ 공직이나 사업가로도 잘 어울린다.

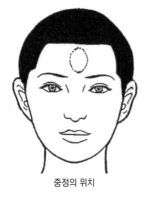

중정의 위치

⑤ 중정이 솟은 이마
▶ 이마의 가운데(중정)이 솟으면 큰 재물을
  모을 수 있는 그릇이다.

⑥ 중정이 움푹 파인 이마

▶ 중정이 움푹 파이거나 내려앉으면 자녀
와의 인연이 그리 좋지 못하다.

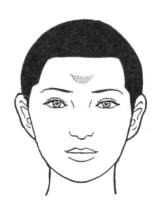

⑦ **좌우 머리가 발달하고 턱이 좁은 상**

▶ 옆머리가 지나치게 발달하면 솔직하지
못하고 거짓말을 잘한다.

▶ 허영심이 많고 권모술수가 뛰어나며 임
기응변에 능하다.

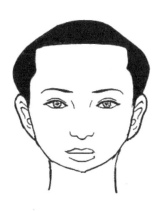

⑧ **튀어나온 이마**

▶ 튀어나온 이마는 직관력과 관찰력이 발
달해 있고 사회성이 뛰어나고, 지나치게
튀어나온 여성은 난산을 할 수도 있다.

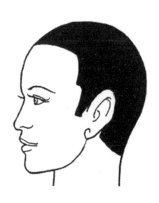

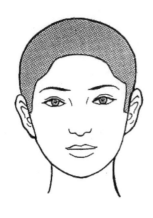

⑨ 좁은 이마

▶ 사회성이 떨어지는 상이다.

▶ 많은 사람을 한꺼번에 상대하는 직업을 가지면 까닭없이 스트레스를 받고 적응을 못한다.

▶ 성인이 되어서도 이마에 솜털이 많이 난 경우, 부모 중 한쪽과 인연이 멀었거나 어머니가 임신중일 때 부부사이나 가정에서 생긴 스트레스를 태아에게 영향을 끼쳤을 때 생기는 현상이다. 결혼 후 부부 사이에 갈등이 심할 수도 있다.

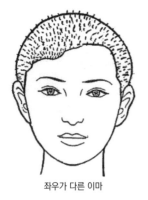

좌우가 다른 이마

⑩ 왼쪽 오른쪽 다른 이마

▶ 오른쪽과 왼쪽의 모양이 다른 이마는 어린시절 부모 중 한쪽과 인연이 멀었다는 표시다.

⑪ 이마와 머리카락 경계부위가 불규칙한
머리

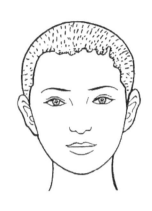

▶ 초혼이 그리 순탄치 못하고 배우자 운도
그리 좋지 못하다.

▶ 매사에 불평불만이 많은 부정적 사고의
소유자다.

▶ 도덕심이 떨어지면서도 달변이다.

▶ 윗사람에게 반항심이 강하고 대인관계
에서 많은 문제가 발생한다.

⑫ 제비꼬리처럼 뾰족한 이마의 머리

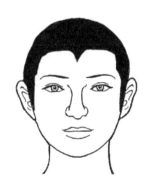

▶ 초혼이 그리 순탄치 못하고 배우자 운도
그리 좋지 못하다.

▶ 한쪽 부모와의 인연이 그리 좋지 않은 경
우도 있다.

▶ 여성은 소심하고 섬세하며 가정적이다.

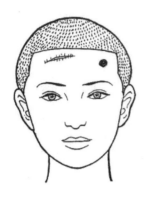

▶ 이마에 솟아 오른 점이나 깊은 흉터가 있
   으면 초년 운이 나쁘고 부모나 혈육의 일
   부와 인연이 먼 상이다.

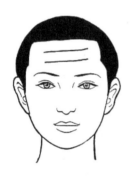

⑬ 이마 주름

끊어지지 않은 두세 줄의 주름

▶ 혈육이나 주변 사람들의 덕을 많이 받
   는다.

▶ 성실한 노력가다.

▶ 자수성가 능력이 있다.

▶ 인내심이 강하고 끈기가 있다.

▶ 가느다란 주름이 여러 가닥인 이마는 친
  인척 등 주변에 늘 챙겨주고 도와줘야 할
  사람들이 꼬인다.

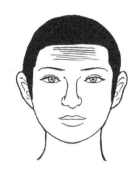

▶ 여러 가닥으로 어지럽게 끊어진 주름은
  육체적으로나 심적으로 갈등을 많이 겪
  은 세월을 살았다.

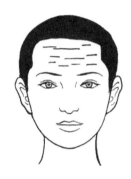

**열십자 주름**
▶ 한 곳에 정착치 못하는 방랑 기질이 있
  다.

▶ 교통사고 등 돌발 사고에 주의해야 한다.

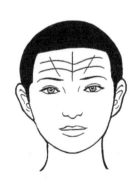

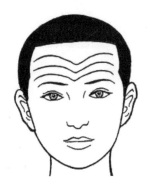

갈매기가 나르듯 끝이 위로 향한 주름
▶ 사색이 깊고 철학적이다.

▶ 탈속 성향이 강하다.

▶ 종교가나 예술가 상이다.

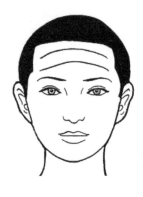

끝이 아래로 내려간 주름
▶ 관찰력과 분석력이 뛰어나다.

▶ 진취성이 있고 발전적이다.

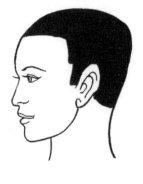

⑭ 뒷머리의 위쪽이 발달 상
▶ 이성적 판단력이 좋다.

▶ 의지가 강해서 한번 결심하면 백전불굴
  의 추진력이 있다.

▶ 뒷머리의 가운데가 발달한 사람은 의지
가 강하고 도덕심이 있다.

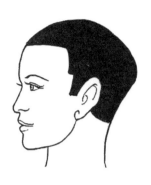

⑮ 뒷머리의 아래쪽이 발달한 상
▶ 애정 감각이 발달해 있고 성욕이 강하다.

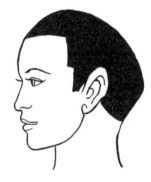

▶ 이성적 판단보다는 본능대로 행동하기
쉽고 치정 사건을 조심해야 한다.

▶ 이마나 뒷머리가 튀어나온 사람을 두고
짱구라는 놀림을 곧잘 주곤 하는데 앞짱
구가 있고 뒤짱구가 있다. 옛 관상서에서
는 울퉁불퉁 발달한 뒷머리 뼈는 나쁜 곳
이 없다고 전해져 온다.

⑯ 수골(壽骨)
▶ 귀 바로 뒤에 솟은 뼈로 장수를 상징하고
오목하면 명이 길지 않다.

# 얼굴
# 耳目口鼻로 본
# 길흉

▶ 17가지 주름의 종류와 길흉

①현침문(懸針紋) ②검난문(劍難紋) ③겸업문(兼業紋) ④위쪽 눈꺼풀이 겹친 긴 옆 주름 ⑤어미문(魚尾紋) ⑥중조문(重操紋) ⑦누당문(淚堂紋) ⑧여성에게서 주로 나타나는 주름 ⑨이중 누당문 ⑩일거(一擧) ⑪양자문(養子紋) ⑫전택횡문(田宅橫紋) ⑬법령선 안쪽 방사선상 주름 ⑭아랫입술과 아래턱 사이에 있는 가로선 ⑮입꼬리에서 나타나 아래로 처진 주름 ⑮양쪽 뺨에 나타난 독특한 모양의 깊은 주름 ⑯환대문(歡待紋)

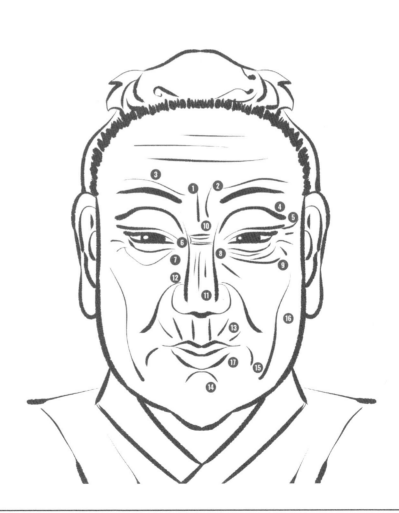

# 1. 눈썹

눈썹은 외형적으로 볼 때 눈을 보호하고 얼굴을 돋보이게 하는 역할을 한다. 눈썹을 두고 관상학에서는 형제와의 관계를 보는 곳이라 해서 형제 궁이라고 부른다. 그러나 혈육관계만을 보는 곳은 아니다. 그보다 더 중요하고 확실한 것은 당사자의 성격을 적나라하게 드러내 주는 곳이라는 것이다.

상대방의 성격과 품성을 보려면 그 사람의 눈썹 생김을 보고 판단하면 크게 어긋나지 않으리라. 눈썹의 생김만 보고서도 당사자의 너그러움과 어리석음, 정직과 거짓, 도덕성과 사기성을 알아볼 수 있다. 그런 관상학적 중요성을 모르는 일반 사람들은 눈썹을 너무 가벼이 여기는 것 같다.

▶ 눈썹의 각 부분의 설명

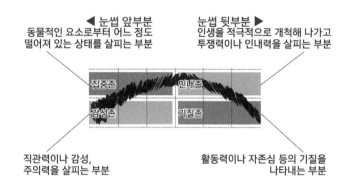

◀ 눈썹 앞부분
동물적인 요소로부터 어느 정도
떨어져 있는 상태를 살피는 부분

눈썹 뒷부분 ▶
인생을 적극적으로 개척해 나가고
투쟁력이나 인내력을 살피는 부분

집중존    인내존

감성존    기질존

직관력이나 감성,
주의력을 살피는 부분

활동력이나 자존심 등의 기질을
나타내는 부분

## [여자]

여자는 자신의 성격을 나타내는 눈썹의 형태를 무의식간에 그리곤 한다.

본래 눈썹의 형태는 숨겨진 본인의 성질을 나타내고, 그리고 있는 형태은 현재 본인의 모습과 운명을 나타낸다. 본래의 눈썹과 그린 눈썹을 모두 보고 관상을 살펴야 한다.

[남자]

표준적인 눈썹 길이는 미간이 콧날의 연
장선에서 시작하여 눈썹꼬리가 눈 구석에
서 바깥쪽으로 2mm까지 이르는 정도이
다. 이보다 길면 성미가 느긋하고 심사숙
고하는 스타일이고, 짧으면 성격이 급하고
즉흥적인 면이 강하다. 눈썹이 진한 사람
은 정이 많지만 얇은 사람은 정이 박하다.

짙은 눈썹이 어지럽게 흩어져 거칠면서
눈썹의 길이가 눈길이 보다 짧은 사람

▶ 흉악하고 사나운 성격의 소유자다.

▶ 말은 그럴싸하게 잘 하지만 의심 많고 부
  정적이며 삐딱한 시각으로 사람과 세상
  을 바라보는 시야를 가졌다.

▶ 형제 사이가 뱀과 쥐의 관계처럼 천적
  이 된다.

▶ 성격이 들쭉날쭉 변덕이 심하다.

▶ 한 성깔 하는 열혈 성격이다.

▶ 초혼이 그리 좋지 못하다.

▶ 눈썹이 눈을 누르듯이 붙어 있고 주걱턱
이 앞으로 나와 있는 여자는 마누라가
남편의 권한을 빼앗는다.

**거친 눈썹에 튀어나온 눈의 소유자**

▶ 거짓말을 잘 한다.

▶ 결혼 운이 나쁘다.

거친 눈썹 숱

▶ 남자가 가는 버들가지를 드리우듯 한 눈썹은 간사하다.

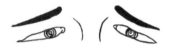

▶ 눈썹과 눈이 아래로 쳐진 사람은 부부가 이별한다.

▶ 눈썹 털이 중간에 끊어지고 광대뼈가 솟은 사람은 배우자, 자식들과 여러 번 이별한다.

## 눈썹 머리가 짙은 형과 끝이 짙은 눈썹

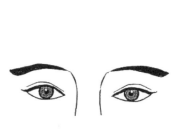

▶ 눈썹의 앞부분은 짙은데 끝으로 갈수록 유난히 옅은 사람은 강한 자존심과 고집이 세고 급한 성격에 성깔도 있는 형이다. 일의 추진력, 투쟁심 등이 좋다. 그와는 반대로, 앞부분 보다 끝으로 갈수록 짙어지는 눈썹은 지능도 좋고 안정적인 성격에 살아갈수록 운이 상승하는 유형이다.

▶ 직선 눈썹은 강직하지만 융통성이 부족하다.

▶ 굴곡진 눈썹은 상황에 따라서 성격의 변화(변덕)가 크다.

▶ 끝이 위로 올려진 눈썹은 적극적이고 열성적이다.

▶ 눈썹과 눈이 위로 향한 사람은 성격이 급하고 사납다.

눈썹 숱이 짙지도 옅지도 않고 이리저리 엉켜 나지 않으면서 윤기가 흐르고 눈길이 보다 긴사람

▶ 성품이 바르고 정직한 사람이다.

▶ 심성이 안정적이고 후에 귀하게 된다.

## 눈썹과 눈 사이(田宅宮)가 넓은 사람

넓은 눈두덩

▶ 성격이 너그럽고 포용력과 사교성이 좋
   다. 단점은, 일처리나 대인관계에서 암
   팡지고 야물지 못한 면이 있다.

## 눈썹의 길이가 눈 길이보다 짧은 사람

▶ 가난하고 혈육과의 인연이 좋지 않아서
   불화가 잦다. 형제는 어렸을 때부터 줄
   곧 한 집에서 살아왔기에 세상 그 누구
   보다도 상대 형제의 성격을 잘 알기 때
   문에 사이가 좋아질 리가 없을 것이다.

▶ 상황에 따라서 성격이 들쭉날쭉 변화무
   쌍하고 남의 눈을 속이는 거짓말과 간사
   스러운 계책을 잘쓴다.

▶ 눈빛이 맑고 눈빛이 선하게 생겼다면 위
   의 단점을 비켜갈 수 있다.

솟아오른 눈썹뼈(미구)

눈썹 숱이 적으면서 눈두덩 끝의 뼈(眉丘, 미구)가 솟아 있는 사람

▶ 성격이 급하다.

▶ 감수성이 예민하다.

▶ 열혈 성격이다.

▶ 자존심이 강하다.

▶ 모험심, 적극성, 예지력이 있다.

▶ 운동신경이 발달해 있다.

▶ 눈빛이 불안정하면 폭력 등을 조심해야 한다.

▶ 눈빛이 안정된 사람이라면 진취적이고 발전 가능성이 크다.

▶ 윤기가 흐르는 눈썹은 현재 발전적이고 좋은 운이다.

▶ 푸석푸석하고 윤기가 없는 거친 느낌의 눈썹은 심성이 바르지 못하고 운 또한 막혀있다.

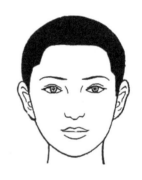

눈썹의 결이 헝클어지지 않고 바르게 나 있으며 눈빛이 안정되고 또렷한 사람

▶ 자신이 몸담고 있는 무리에서 신뢰를 받는다.

▶ 은혜를 알고 의리가 있다.

▶ 이름을 널리 알린다.

▶ 성공하여 재물을 얻는다.

▶ 상류계층과 가까이 하며 살 운이다.

눈썹 털의 길이가 길어서 귀 아래까지 내려온 사람
▶ 명예를 얻으며 살아갈 운이다.

▶ 이런 눈썹이라도 눈매가 속된(교활한) 사람은 성공할 수 없다.

▶ 눈썹 위에 가느다란 주름이 많은 사람은 하는 일에 실패가 잦고 가난하다.

짙은 눈썹숱과 많은 머리숱

눈썹 숱이 짙으면서 머리숱도 많은 사람
▶ 하는 일에 실패가 잦고 빈천하다.

▶ 눈썹 숱이 짙은 사람은 고지식하고 적응력과 순발력이 떨어진다. 거기에 머리숱이 난 부분이 많이 차지한다면 융통성이 부족해서 세상일에 대처능력이 떨어진다.

좁은 미간(인당)

## 양쪽 눈썹숱이 서로 붙어 있는 사람

▶ 쓸데없는 똥고집을 갖고 있다.

▶ 융통성이 없고 고지식하다.

▶ 소견이 좁다.

▶ 지능이 그리 좋지 못하다.

▶ 부모덕을 받지 못한다.

## 거친 눈썹에 눈이 작은 사람

▶ 매우 이기적이고 교활하다.

▶ 거짓말을 잘 한다.

▶ 삐뚤어진 심성을 가졌다.

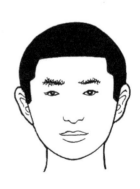

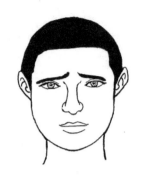

▶ 눈썹이 눈을 누르듯 해서 눈두덩이 없는 사람이 귀가 눈썹 위로 올려 붙은 사람은 주변 사람들의 인덕도 받지 못하고 복도 없다.

▶ 눈썹이 불에 거을린 것처럼 꼬불꼬불하고 눈썹 위에 주름이 많은 사람은 파산한다.

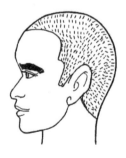

**눈썹 숱이 짙고 움푹 들어간 사람**

▶ 재산이 흩어지고 오랫동안 재앙을 만난다.

▶ 지나치게 움푹 들어간 산근은 심술이 많고 가난하게 산다.

▶ 좌우의 눈썹이 각기 다르게 생긴 사람
은 부모 중 한쪽과 일찍 헤어진 표시다.

높이가 다른 눈썹

생김이 다른 좌우 눈썹

## 눈썹이 초승달같이 생긴 여자

▶ 총명하다.

초승달 눈썹

▶ 사교성이 좋다.

▶ 애교가 있다.

▶ 남자가 초승달 눈썹이면 경솔한 언행과
바람끼를 주의해야 한다.

## 눈썹이 아래로 처진 사람
## [팔자(八字)눈썹]

▶ 낙천적인 성격의 소유자다.

▶ 사교성이 좋다.

▶ 끊고 맺음을 잘 하지 못한다.

▶ 눈썹에 흰 털이 생긴 사람은 장수한다.

눈썹 속의 작은 점

▶ 눈썹 속에 작은 점이 있는 사람은 총명하
고 자존심이 강하다.

# 2. 인당

## 인당의 위치

인당은 눈썹과 눈썹 사이를 말하는데 흔히 미간이라고 부르는 곳이다. 인당이 넓은 사람과 눈썹의 잔털이 이어져 좁은 사람, 살결이 거친 사람과 윤기가 나는 사람, 색깔이 밝은 사람과 어두운 사람 그리고 눈썹 생김과의 상관관계 등등 그에 따른 해석이 다양하다.

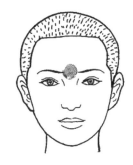

## 인당의 중요성

인당이 어떻게 생겼느냐의 작은 차이가 성격은 물론이고 그릇 크기, 대인관계, 지능, 학업 운, 타고난 에너지의 강약, 재산 크기, 애인 혹은 부부 사이의 궁합 그리고 더 나아가 단명과 장수, 평생의 운명을 좌우한다.

관상이라는 학문은 이론만을 내세우는 게 아니라 언제든 눈으로 직접 보고 체험할 수 있는 특성과 다른 정보를 누구든 새로 수정하고 자유롭게 고칠 수 있기에 완성도가 높다. 이것이 바로 관상이 다른 어떤 운명 철학 분야보다 정확도를 신뢰할 수 있는 이유다.

인당이 넓다고 해서 좋고, 좁다고 해서 무조건 나쁜 것은 아니다. 즉 짚신도 제 짝이 있어야 구실을 하듯이, 관상이라는 학문이 인당 한 곳만이 아니라 눈빛이나 찰색 등 다른 부위와의 상호 작용을 종합적으로 보고 판단하는 것인고로. 인당의 각 생김 나름의 일장일단이 있고 그 쓰임이 따로 있다는 뜻이다.

## 넓은 인당

인당은 평탄하고 넓어야 좋고 눈썹은 높이 솟아야 좋다.

넓은 인당(미간)

일반 사람들은 이마만 넓으면 머리가 좋은 줄로 착각하는 것을 많이 봤다. 물론 이마가 좁은 것보다야 넓은 게 좋지만, 이마만 넓다고 해서 관상적으로 무턱대고 좋은 것도 아니고 머리가 좋다는 데는 더 더욱 동의하지 않는다.

관상에서의 지능을 나타내는 부분은 이마가 아니라 인당이다. 인당이 넓어야 지능이 좋다는 말이다.

▶ 지능이 좋다.

▶ 세상 보는 시야가 넓다.

▶ 적응력이 좋다.

▶ 사교성이 좋다.

▶ 사물에 대한 이해력이 빠르다.

좁은 인당(미간)

## 좁은 인당

인당이 좁다 함은, 눈썹과 눈썹이 서로 맞붙어 있는 생김을 말한다. 우리가 흔히 쓰는 '미련'하다는 말이 바로 인당의 모양에서 비롯됐는데, 미련에서의 '미'는 눈썹 미 (眉) 자를 쓰고 '련'은 잇닿을 련 (連)을 쓴다. 즉 눈썹이 이어져 연결되어 있을 때 미련하다고 한다.

▶ 세상 보는 시야가 그리 넓지 못하고 소견이 좁다.

▶ 소심한 편이어서 하찮은 일에도 신경질이 많은 성격이다.

▶ 경직되고 고지식한 탓에 융통성과 응용력이 부족하다.

▶ 사서 걱정한다.

▶ 고집이 세다.

▶ 현실 적응력이 떨어진다.

▶ 모험가형이 아닌 안전 지향형이다.

▶ 약속을 잘 지키는 편이다.

▶ 인내심이 강하다.

▶ 매우 성실하며 대단한 노력파다.

▶ 성격의 변화가 크지않는 고른 성격이다.

▶ 정조관념이 강하다.

▶ 도덕심이 강하다.

▶ 결혼하면 부모나 혈육 등과 가까운 거리
에 사는 게 좋겠다.

▶ 배짱과 기개가 부족하다.

▶ 성향으로 봐서는 운이 약간 늦게 트일 가
능성이 있기에 오랫동안 월급직 등의 직
장생활을 하다가 개인 사업은 중년이 넘
어서 되도록 늦게 해야 된다.

▶ 여리고 겁 많고 소심한 성격이 많다.

▶ 스스로가 인생을 헤쳐 나가는 개척가 형
이 아니다.

▶ 모든 사람들이 다 마찬가지지만 특히 이
유형의 여성인 경우엔 남편감을 고를 때
매우 신중해야 한다.

▶ 배우자를 어떤 사람을 만나느냐에 따라
인생의 성패가 크게 좌우될 정도로 남편
의 영향을 절대적으로 받는 삶을 살아갈
성격이다.

▶ 직업으로는 계산이 복잡하거나 정신 어지럽고 신경 예민하게 쓰는일을 장기간 하는 건 피해야한다. 혹시 그런 일을 하는 직업을 가지고 있다면 적절한 휴식을 병행하면 괜찮으리라 본다.

현침문

## 인당에 생김 세로주름

인당에는 나이가 들거나 주변 환경 때문이거나 스스로의 사고방식에 따라 세로 주름이 한 개 또는 두세개 생기는 게 보통이다. 그러나 주름도 주름 나름이다. 보일듯 말듯 한 가느다란 세로 주름이 1~2cm 정도 희미하게 나 있는 사람이 있다.

이것을 현침문이라고 한다. 이 현침문은 남성보다는 여성 쪽에서 많이 생기는 걸 봤는데, 이것은 쌓인 스트레스나 마음고생을 그때그때 해소하지 못해서 생겨나는 표시이다.

남성은 집안이나 밖에서 쌓인 불만을 술이나 잡기로 풀 수 있는 공간이나 여건이 많이 널려 있는 반면, 여성의 경우 사회적 인식이나 성향상 그렇지 못해 속으로만 삭이는 데서 비롯된 것이라고 본다. 현침문이 있으면 여러 의미가 있다.

▶ 애인이나 동거 중 힘든 다툼 혹은 부부 사이에 갈등이 오랜 세월 지속됐을 때나 과거에 이혼 혹은 사별했을 때 생겨난다. 이것을 두고 생·사별 주름이라고 부르는 이유도 그 때문이다.

애인이나 결혼 생활에서 싸우지 않는 부부란 없다. 그러나 여기서 말하는 갈등이란, 죽지 못해 살고 있거나 애인 혹은 부부 궁합이 극단적으로 나빴을때 일어나는 현상을 말한다.

결혼 전 오랜 사귄 애인이나 동거 등을 하다가 가슴 아픈 이별을 했을 때도 이런 주

름이 생긴다. 이 현침문은 한번 생기면 수
십 년의 세월이 흘러도 없어지지 않는다.
그외, 인당에 생기는 세로주름 중 현침문
과는 달리 깊고도 뚜렷하게 패인 주름이 있
다. 이 주름이 생기는 원인은,

▶ 자신의 배짱과 다른 일이 오랜 세월에 걸
  쳐 진행될 때 생긴다.
▶ 사고방식이 지나치게 고지식하고 완고한
  사람한테 나타나기도 한다.
▶ 하지만 반성심도 있고 사려가 깊은 면
  도 있다.
▶ 매사에 호흡을 길게 하고 마음을 느긋하
  게 가져서 낙천적일 필요가 있다.

## 인당 부위에 찍힌 점이나 흉터

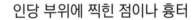

▶ 부모 중 한쪽이나 양쪽과 인연이 멀었다
  는 걸 나타낸다.
▶ 고집이 세고 반항심리가 강하다.
▶ 아랫사람과의 관계는 괜찮은 편인데 윗
  사람에 대한 반발 심리가 강해서 잦은 갈
  등을 일으킨다. 윗사람이란, 부모도 될
  수 있고 형제 중엔 윗 형제, 직장 같으면
  윗 상사를 말한다.

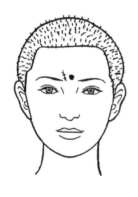

▶ 자주 접촉하는 친척과의 관계도 썩 좋
지 못하다.

▶ 추진력이 좋고 경쟁심, 투쟁심, 승부사
기질이 발달해 있다.

▶ 직업으로는 윗사람의 지시를 일일이 받
는 직종은 피하는 게 좋다. 개인 일이나
사업을 하면 성공할 것이다. 다만 인당이
좁으면서 눈썹 숱 짙은 사람은 혼자서 추
진하는 개인 사업은 피해야 한다.

여하튼 일반 사람들의 관상으로 이부위의
점이나 흉터는 인생에서 가장 나쁜 영향을
끼치는 것으로 본다.

## 인당에 생긴 한 가닥 혹은 두 가닥의
## 가로 주름

▶ 큰 병치레를 한 과거가 있거나 가난으
로 인해 매우 힘든 세월을 보낸 경험이
있다.

▶ 경험으로 인한 세상 이치에 밝다.

▶ 남의 부탁을 잘 거절하지 못하고 남의 일
을 잘 돌보며 떠맡아 고생하기도 한다.

# 3. 눈

눈에 머물던 신은 잠이 들면 심장으로 가
고 깨어있을 때의 신은 눈에 머문다. 눈을
보고 그 사람의 정신이 맑은지 탁한지를
예견할 수 있다.

눈이라고 다 같은 눈이 아니다. 귀인에게
는 귀한 눈이 있지만 천한 사람에게는 귀
한 눈이 없다. 눈은 마음의 상태를 가리킨
다. 진실함과 교활함을 보려면 상대방의
눈을 보라.

눈은 오장육부 건강 중간에 영향을 미치고
눈동자는 신장에 속하며 눈의 흰자위는 폐
에 영향을 준다. 따라서 간의 건강과 콩팥
의 이상 그리고 폐의 상태를 알려면 눈을
관찰하면 짐작할 수 있는 것이다.

사람의 얼굴에 있어 눈이라는 것은 곧 천상(天上)의 일월(日月)과 같은 존재로서, 나의 모든 정신과 마음과 물질의 주인이자 근본을 이룬다. 일월이 삼라만상(森羅萬象)을 다 비추어 광명을 열어주듯, 부귀복덕과 건강 장수의 모든 것에 관여하여 평생의 삶을 좌우한다. 얼굴에서 눈이 운의 50%를 좌우하므로 다른 부위가 아무리 잘생겨도 눈이 뒤떨어지면 큰 성공을 기대하기 어렵고, 얼굴이 다소 부족해도 눈만 수려하게 타고났다면 두려워할 것이 없다. 일생을 두고 크나큰 작용을 하는 눈은, 운명의 척도가 되며 선악을 판단하는 기틀이 된다.

눈은 오장육부 중에서 간에 소속되어 있어, 간이 피로하면 눈이 어두워지고 간이 건강한 사람은 눈이 윤택하고 밝다. 전체적으로는 간이 눈을 주관하지만, 눈의 부위마다 해당하는 장기가 따로 있다. 동공은 신장이 관리하고, 검은자위는 간, 흰자위는 폐, 윗눈꺼풀은 위장, 아랫눈꺼풀은 비장, 눈의 시작과 끝부분(내외자/어미)은 심장이 각각 관리한다. 이들 각 부위는 오장의 정기가 집중된 것으로, 눈을 자세히 관찰하면 우리 몸의 건강상태를 그대로 읽을 수 있다.

### 기본형태와 명칭

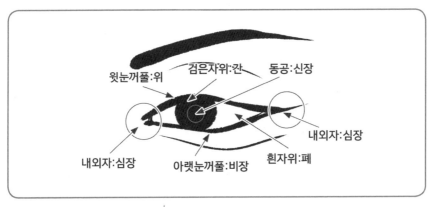

### 눈에 의한 관상

▶ 눈은 튀어나오거나 눈자위가 움푹 들어가지 않으면서 길고 은은한 광채가 나야 좋다.

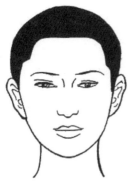

▶ 눈동자가 흑백이 옻칠을 한 듯 뚜렷하며 은은한 광채가 비추면 부자가 된다.

▶ 눈이 길어 한 치(2.5㎝)가 되면 귀하게 된다.

▶ 사물을 바라보는 모양이 곁눈질하지 않고 바르면 마음이 안정되어 있고 평화로운 사람이다.

▶ 눈동자가 사물을 정면으로 향하지 않고 전후좌우로 빠르게 흘겨보는 자는 도적질 등 나쁜 일을 할 사람이다.

흘겨보는 눈

▶ 눈동자가 안정되지 못하고 이리저리 자주 움직이는 사람은 남을 믿지 못하고 의심하는 습성이 있는 자이다.

▶ 눈이 찢어지고 사납게 흘겨보는 자는 음란하며 도적질하려는 생각을 품은 자이다.

▶ 검은 동자는 적은데 흰자위가 많은 사람은 감옥에 갇히거나 재산이 흩어진다.

▶ 훔쳐보듯이 눈을 흘기는 자를 친구로 사귀지 마라. 언젠가는 반드시 해를 끼치는 자이다.

▶ 술에 취한 듯 눈을 가늘게 떠서 흘겨보는 자는 음흉한 생각을 가지고 있고 이성관계가 복잡하리라.

▶ 눈 길이가 짧고 둥근 자는 이기적이고 악독하며 천박하다.

▶ 눈알이 닭의 눈같이 작고 둥근 모양의 사람과 이웃을 삼지 말라.

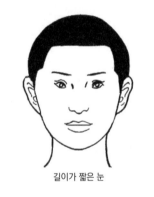

길이가 짧은 눈

▶ 사백안은 배우자를 해롭게 하고 자신도 흉하게 되리라.

▶ 눈에 흰자위가 많은 자는 야멸차고 간
사하다.

▶ 눈의 붉은 실핏줄이 눈동자에 닿으면 나
쁜 일을 벌이거나 형벌 수가 있다.

▶ 눈의 흰자위가 늘 누르스름하면 육친과
부부간의 인연이 멀고 장수할 상이 아
니다.

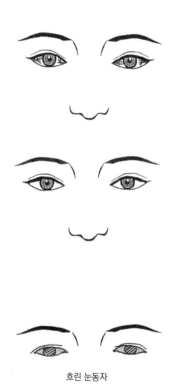

▶ 눈동자가 맑고 눈썹이 가지런한 사람은
총명하고 준수한 인재다.

▶ 눈이 큼직하고 입도 크면 부유하게 된다.

▶ 눈에 빛이 없고 흐리면 하는 일이 실패한다.

흐린 눈동자

▶ 눈빛에 힘이 없고 얼굴 피부에 윤기가 없
으면 장수하지 못한다.

▶ 눈의 빛이 맑지 않고 희끄무레하면 장수
할 상이 아니다.

▶ 눈에 물기가 있는 듯하면서 빛이 나면 음욕이 많아 이성관계가 복잡하리라.

▶ 눈이 반짝반짝 빛이 나고 입이 큰 사람은 음욕이 강하고 먹을 것을 탐하는 자이다.

고리눈

### 고리눈(環目, 환목)

▶ 어렸을 때 주변의 가까운 사람에게 지속적인 상처를 받았을 때 고리눈이 형성된다.

▶ 교활하고 야멸차며 반드시 사람을 해친다.

튀어나온 눈

▶ 작고 동그란 눈에다 눈알이 튀어나온 듯한 사람은 단명한다.

▶ 눈이 크면서 시원하게 생겼지만 신기(살아있는 기운. 생기)가 없다면 장수 상이 아니다.

## 눈두덩(전택궁)이 넓은 눈
▶ 낙천적이고 개방적이다.

▶ 공과 사의 구분을 잘 해야 하고 계산이나 문서 작성할 때 끊고 맺음을 확실히 할 필요가 있다.

넓은 눈두덩(전택궁)

## 눈두덩이 좁은 사람
▶ 일 처리가 섬세하고 꼼꼼하고 치밀하며 성격도 조심스럽다.

▶ 일의 사안에 따라서는 융통성을 발휘하는 것도 대인관계에서 숨통을 틔우는 일이다.

좁은 눈두덩(전택궁)

▶ 마음의 여유를 가지고 살아야 한다.

▶ 눈두덩이 좁은 사람의 특징은, 매사에
조심스럽고 공과 사가 확실한 냉철한
이성과 일에 대한 치밀함과 끈기, 집념
그리고 성실함에 있다. 그러나 지나치
게 완벽주의로 흐르면 무정하고 차갑
게 느껴질 수도 있으며 집념이 집착으
로 흐르기 쉽다.

### 늘어진 눈두덩

윗 눈꺼풀이 늘어져 있어서 언듯 보기에
무슨 불만이 쌓인 사람같이 보이는 눈두
덩이 있다.

▶ 매사에 조심스럽고 꼼꼼하다.

▶ 금전에 인색하며 지나치게 타산적이
다. 금전에 인색하다는 뜻은 꼭 써야 될
곳도 안 쓰는 이기심을 말한다.

## 눈과 눈 사이의 간격이 넓은 눈

▶ 개방적인 성격 탓에 이성관계에서나 일
  에 대한 끊고 맺음과 조심성, 냉철함이
  떨어진다. 이 때문인지 바람기가 있다고
  오해를 받기도 한다.

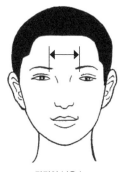

간격이 넓은 눈

## 눈과 눈 사이의 간격이 좁은 눈

▶ 현실에 충실한 현실주의자다.

▶ 순간 포착력이 좋다.

▶ 일에 대한 집중력과 정확성, 대처 능력
  이 좋다.

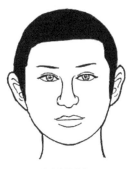

간격이 좁은 눈

▶ 섬세하고 감수성이 예민하다.

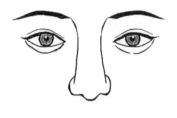

## 누당(淚當), 와잠(臥蠶)

눈 아래에 도독히 올라 있는 살집을 가리켜 누에가 누워 있는 모양이라 해서 와잠 (臥蠶) 혹은 눈물이 흐르는 곳이라 뜻의 누당(淚當)이라 부르기도 한다.

▶ 이곳에 살집이 적당히 있으며 밝은 색깔이 나고 윤택한 느낌이면 성욕도 좋고 똑똑한 자녀를 두든가 뒤에 자식덕을 본다는 뜻이다. 하지만 이 부위에 살이 올라 있다고 해서 다 좋은 것은 아니다. 살이 부풀어 오른 듯 푸석한 느낌이 들면서 색깔이 창백하거나 밝지 못하다면 자녀한테 해로운 일이 일어난다는 조짐이다. 특히 결혼한 여성이 이렇게 아래로 처진 듯한 느낌이 들면 부부관계에서 정신적 갈등에 의한 어려움이 발생하는 것을 흔히 봤다.

▶ 살집이 없고 푹 꺼지거나 쭈글쭈글한 느낌의 누당은 자식과의 인연이 그리 좋지 못하거나 성 기능장애가 발생할 가능성이 있다.

▶ 검푸르게 보이거나 밝고 윤택한 느낌이 들지 않는 누당을 흔히 '다크서클'이라 부르기도 하는데 이것이 생기는 원인이 여럿 있다. 첫째, 간 기능이나 당뇨 등 내부 장기에 이상이 있을 때 생긴다. 둘째, 성 기능 장애가 있는 등 자녀와의 인연이 그리 좋지 못함을 예측할 수 있다. 셋째, 부모 등 위 조상으로부터 내려오는 유전자가 우성학 적으로 그리 좋지 못한 영향을 받았을 때도 생기는데, 이 경우 위에서 예를 든 건강 문제에는 별 해당사항이 안 되지만 성격적으로 어둡거나 음흉한 심성의 소유자도 간혹 있다.

▶ 누당에 잔주름이 많고 색깔이 거무스레하면 부부 사이와 자녀에게 해롭고 외롭게 된다.

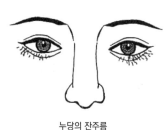

누당의 잔주름

▶ 눈 아래나 눈두덩 색깔이 거무스레하고 탄력이 없으면 지나치게 색을 밝힌 탓이다.

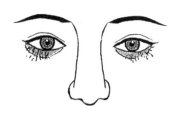

▶ 누당에 검은 점이 있든가 주름살이 비껴
나면 자식을 두더라도 늘그막에는 자식
과의 인연이 멀어지고 외롭게 된다.

▶ 누당에 점이나 잔주름이 많으면 울어야
할 일들이 많다.

▶ 양쪽의 눈동자가 서로 마주하고 있으면
재산이 흩어지고 재앙을 만난다. 다만
정신수련이 쌓인 사람이면 그것에서 벗
어날 수 있다.

## 톡 불거진 눈

▶ 성급한 성격이다.

▶ 세상 물정을 일찍 알아 조숙하고 열정
적이다.

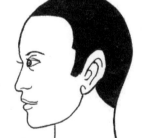

불거진 눈

▶ 언어 능력이 좋아서 그 방면으로 직업을 가지는 것이 유리할 것이다.

▶ 이런 눈에 신기가 없다면 장수할 상이 아니다.

## 우묵한 눈

▶ 매사에 치밀하고 조심스러우며 의사표시도 신중하다.

▶ 현실주의자다.

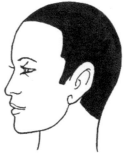

우묵한 눈

▶ 깊은 관찰력이 있고 경계심이 강하다.

▶ 여성은 결혼을 늦게 하는 경향이 있고 부모를 위하는 생각이 짙다.

## 음양눈(자웅눈, 짝짝이 눈)

▶ 한쪽 눈은 크고 한쪽 눈은 작은 눈이다.

▶ 간교한 계략을 잘 꾸미고 권모술수에 능
  하다.

▶ 애정문제로 말썽을 일으키는 운이다.

▶ 거짓이 많고 남을 잘 속인다.

▶ 말은 그럴싸하지만 속마음은 진실하지
  않고 음흉하다.

▶ 재운은 상당히 좋다.

▶ 배우자를 두려워한다.

▶ 눈가에 거품이 자주 생기면 음란한 자
  녀를 둔다.

눈 주변의 거품

▶ 눈의 생김이 세모지게 찢어진 여자는 남편을 괴롭히고 해롭게 한다.

▶ 울지 않아도 눈물이 흐르고 걱정거리가 없는데도 눈썹을 찌푸리는 습관이 있는 사람은 늙어서 고생할 것이다.

▶ 눈을 아래로 내려 까는 습관이 있는 사람은 생각이 깊은 사람이거나 꿍꿍이속을 가진 사람이다.

▶ 눈을 늘 위로 치켜뜨고 보는 자와는 사귀
지 말라. 언젠가는 해를 끼칠 사람이다.

▶ 눈 아래쪽에 흰자위가 많으면 형벌 수가
있다.

동물의 눈과 사람 눈을 비교해서 설명해
놓은 옛 책은 그리 신빙성이 없어서 여기
서는 소개하지 않는다. 그러나 아래의 내
용은 숙지해 둘 필요가 있다.

## 뱀의 눈(사안, 蛇眼)

▶ 길이가 짧고 찢어졌으며 흰자위가 많은
반면, 검은 동자가 적은 눈이다.

뱀눈(사안)

▶ 뱀눈을 가진 자는 거짓말을 그럴싸하게
늘어놓아 남을 잘 속이는 소질을 가지
고 있다.

▶ 인정과 애정이 없다.

▶ 잔꾀에 매우 능하다.

▶ 말은 그럴듯하게 하지만 사납기가 이리
와 같이 흉악하다.

▶ 인간으로써 의를 모르고 부모마저 헤칠
수 있는 심보를 가졌다.

▶ 눈이 염소나 양의 눈처럼 작으면서 동그
라면 매우 이기적인 사람이고 형제간의
우애도 나쁘다.

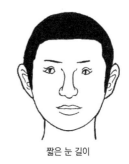

짧은 눈 길이

▶ 생김새가 뱀의 눈이나 염소의 눈과 같은
사람과 가까이 하지 마라. 언젠가는 해
악을 끼치리라.


**취안**

▶ 술을 먹지 않아도 늘 불그스름한 눈자위
를 가졌다.

▶ 좌우로 흘겨보기를 잘하고 술에 취한 듯
몽롱한 눈빛이다.

▶ 여자가 취안이면 색을 밝히고 남자가 취
　안이면 도둑이 된다.

▶ 부모나 형제 덕을 보지 못한다.

▶ 약물중독에 조심해야 한다.

▶ 수명은 그리 길지 못하다.

### 경안(警眼)

▶ 눈동자가 늘 무엇에 놀란 토끼처럼 동그
　란 눈이면서 눈의 빛이 모이지 않으면
　수명이 그리 길다고 볼 수 없다.

▶ 여자의 눈 속에 검은 점이 있으면 간음으
　로 말썽을 일으킨다.

눈자위의 점

잔 주름이 많은 눈꼬리

▶ 잔정이 많다.

▶ 타인에 대한 이해심이 많다.

나이를 먹어서도 눈꼬리에 잔주름이 없거
나 한가닥은 깊은 주름만 있는 사람은

▶ 절제심이 강하고 자기 자신에게 엄격하
며 그 잣대를 타인에게도 적용해서 엄하
다는 인상을 준다.

▶ 사사로운 정에 이끌리지 않는 매정한 면
이 있다.

▶ 좋은 눈을 가진 사람은, 멀리서 보면 가
을날에 서릿발을 비추는 것 같고 가까이
다가가 보면 화창한 바람이 봄꽃을 아우
르는 듯해야 좋다.

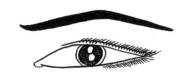

▶ 검은 동자는 크고 흰 동자가 작게 차지
하는 눈은 출세하여 귀하게 된다.

▶ 눈동자가 맑고 단정하며 광채가 있으
면서 흑백이 분명하면 귀하 게 되리라.

▶ 눈으로 사물을 바라보는 시야가 뚜렷
하고 흘겨보지 않으면 하는 일이 잘 되
어 복을 누린다.

▶ 두 눈이 늘 맑게 빛나는 사람은 출세하
여 귀인이 된다.

# 4. 처첩궁(부부궁, 남녀궁)

그림처럼 눈의 끝부분을 어미, 간문이라고 하는데 이 부위를 부부사이, 남녀 관계의 운을 나타내는 곳이라 해서 부부궁 혹은 처첩궁, 남녀궁으로도 부른다.

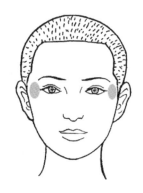

▶ 처첩궁의 살이 두둑해서 풍부하면 성욕이 강하다.

처첩궁(부부궁)의 세로 흉터

▶ 처첩궁 부위의 살이 말라서 뼈가 드러난 듯 보이거나 점, 흉터가 있으면 부부 사이에 이별할 수 있다.

팔학당八學堂

고명학당

고광학당

반순학당          반순학당

광대학당

총명학당  명수학당      명수학당  총명학당

총신학당

광덕학당

오른쪽

# 5. 코

## 기본형태와 명칭

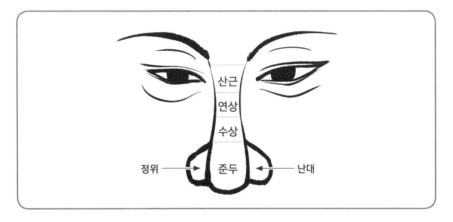

코는 얼굴 중앙에 자리 잡고 우뚝하게 솟아 있어 얼굴의 근본을 이루며 '나 자신'을 상징한다. 오악(五岳)의 주산인 중악(中岳)이자 사독(四瀆) 가운데 한 강줄기이며 중앙의 방위인 토(土)에 해당하는 부위로서, 만물이 의지하고 살아가는 터전이 된다. 또한 12궁 가운데 재물운을 다루는 재백궁(財帛宮)으로서, 집에 비유하면 대들보나 기둥과 같은 존재이므로 코는 절대로 비뚤어지지 않고 널찍하고 웅장해야 한다.

코는 오관(五官) 가운데서 사물을 분별하여 심판하는 구실을 한다 하여 심변관(審辨官)이라고도 한다. 눈이 '봄으로써' 살핀다면, 코는 '분별을 통해' 살핀다고 여긴다. 코는 폐와 연결되어 있는데, 그래서 폐에 열이 있으면 코가 막히고, 폐가 맑으면 호흡도 원활하고 냄새도 잘 맡을 수 있다. 코에서도 비장, 위장과 연결되는 것이 콧대(연상年上, 수상壽上)로, 장기의 이상 유무를 판단할 수 있다하여 질액궁(疾厄宮)이라고도 한다. 몸이 건강하면 산근(山根)과 연수(年壽)도 깨끗하고, 몸에 병이 있으면 산근과 연수도 어두워진다. 예부터 "귀 잘생긴 거지는 있어도, 코 잘생긴 거지는 없다"라고 하여 재운의 좋고 나쁨을 살폈다.

## 1)코

코는 얼굴에서 재산을 나타내는 부위라 해
서 재백궁이라 부른다. 물론 코가 잘 생기
고 귀만 잘 생기면 재물이 모이는 것은 아
니지만 관상에서 재산을 나타내는 중요한
부위인 것은 틀림없다.

명당의 표본이라고 할 수 있는 산의 모양
을 보면, 그림에서 보듯이 듬직하고 높은
산맥에서 내려온 산줄기 하나가 봉긋한 언
덕을 이루고 그 언덕 좌우에서 다른 산들이
감싸주는 형국을 좋은 터로 꼽고 있다. 모
산(母山)의 정기를 받은 언덕(코)을 양쪽의
산들이 좌우에서 호위하듯이 감싸고 있는
것은 기운이 흩어지지 않고 가두어 두는 역
할을 한다.

그와 마찬가지로 사람의 얼굴에서코를 중
심으로 눈, 광대뼈, 귀, 인당, 입술, 턱이 발
달해야 좋다는 것이다.

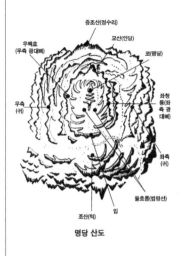

명당 산도

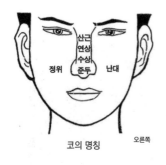

코의 명칭 　　오른쪽

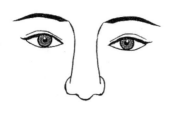

기의 작용에 대해서 보충 설명을 하자면, 바람 많이 부는 날 머리카락이 이리저리 헝클어지면 정신이 산란하게 되는 데 코 역시 주변의 바람막이가 되어주는 코 주변의 부위들이 오긋이 감싸주지 못하거나 뒤로 달아나는 형상이라면 실속이 없다는 걸 뜻한다.

▶ 콧마루(콧대)가 곧게 뻗어내리고 양쪽 콧망울(정위, 난대)이 바른 사람은 충성과 정의심이 강하고 수신재가할 수 있다.

▶ 콧구멍이 드러나지 않고 준두가 단단해 뵈는 사람은 노년에 길하고 왕성하게 활동한다.

▶ 평생 편안하게 살려면 콧대 색깔이 밝고 윤기가 있어야 한다.

▶ 콧대가 대들보처럼 곧고 힘있게 뻗으면 수명이 길다.

## 2) 준두의 살이 풍후한 코

▶ 소탈하다.

▶ 인정이 많다.

▶ 준두가 둥그스름하게 살집이 풍성하면 먹을 것이 넉넉하고 의복이 풍부하리라.

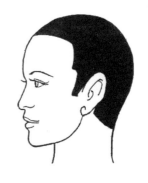

▶ 준두의 살집이 넉넉하고 크면 소탈한 성격이고 남에게 해를 끼치지 않는다.

▶ 준두에 윤기가 흐르고 풍부하면 귀하게 되어 부유하거나 장수한다.

▶ 마음이 넉넉한 것은 준두의 살이 풍부하고 둥글기 때문이다.

▶ 양쪽 콧방울이 발달하면 생활력이 강하고 지능이 좋으며 경제관념이 있어서 재물운이 좋다.

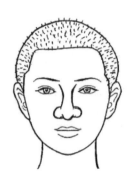

## 3) 큰 코, 긴 코

▶ 마음이 넓고 대범하다.

▶ 심성은 소박하고 이상도 그리 높지 않은
  순한 성격의 소유자다.

▶ 남에게 속기 쉽지만 속더라도 크게 염두
  에 두거나 걱정하지 않는다.

▶ 착실한 인생을 살아갈 상이다.

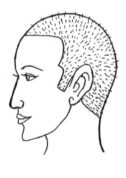

▶ 코가 크거나 길면 대범할 것 같지만 보수
  적이고 생각이 깊고 자질 구레한 일에 신
  경을 많이 쓰며 고지식, 세심, 꼼꼼하고
  금전관계에 결벽성이 있다.

▶ 품성이 높고 정신적인 면이 발달해 있으
  나, 너무 꿈과 이상을 뒤쫓는 나머지 현
  실에서 약싹 빠르지 못하다.

▶ 염세적이고 탈속 성향이 있으며 자존심과 함께 보수적이어서 장사꾼보다는 사회사업가나 종교인, 예술가 쪽이 더 가깝다.

▶ 주변을 너무 의식하거나 자존심이 강해 생활이 어렵더라도 체면 상하는 허드렛일을 꺼린다.

▶ 준두가 작으면서 뾰족하면 가난하고 굴곡이 많은 인생을 살게 된다.

▶ 준두와 콧대가 살이 없어서 뾰족하고 양쪽 콧볼(정위, 난대)이 빈약하면 외롭고 가난하다.

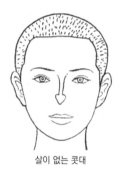

살이 없는 콧대

▶ 준두가 뾰족하고 살이 없으면 간사스런 계책을 좋아한다.

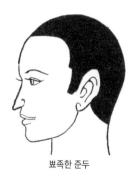

뾰족한 준두

▶ 준두가 뾰족하고 삐뚤어져 있으면 매우 이기적인 사람이다.

▶ 얼굴은 살이 두둑하게 찐 사람이 여윈 코를 가지면 재물이 흩어진다.

4) 들창코
▶ 개방적이며 낙관적이고 시원시원한 성품을 타고 났다.

▶ 일의 결과에 성급하다.

▶ 바람 부는 데로 살면 된다는 감성적인 사고의 소유자다.

▶ 장기적으로 계획을 치밀하게 세우지 못하고 일도 시작하기 전에 열매부터 따려고 하는 성급함을 고쳐야 한다.

▶ 콧구멍이 하늘로 들려진 들창코는 중년에 하는 일이 실패하여 집과 땅이 흩어진다.

▶ 콧구멍이 아궁이의 문처럼 텅 비어있는 듯하면 재산이 있다하더라도 기울어져 없어진다.

▶ 준두의 살이 마른 사람이 콧구멍이 훤히 드러나 보이면 재산이 들어온다 하더라도 바로 빠져나가게 되고 늙어서 가정을 지키기 어렵다.

▶ 준두가 말랐으면서 콧구멍이 훤히 드러난 사람은 집에 식량 쌓일 날이 없으리라.

▶ 들창코는 일에 대한 끊고 맺음을 잘 해야 하며 돈이 들어오는 즉시 빠져나가는 상이어서 금전관리를 잘해야 한다.

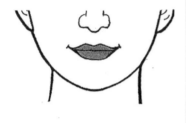

### 5) 콧구멍이 안 보이는 코

▶ 재물이 일단 들어오면 잘 안 나가는 자
　물통이다.

▶ 감성보다는 이성적 판단을 잘하고 금전
　관리에 능해서 부지런만하면 재산운이
　좋다.

### 6) 콧구멍이 큰 코

▶ 사고방식이 개방적이어서 자신의 감정
　을 숨기지 못하고 노골적으로 드러내 본
　의 아니게 손해를 많이 본다.

▶ 어떤 일을 결정할 때 이성적 판단 보다
　는 감정에 치우쳐 결정하는 일을 조심해
　야 한다.

▶ 자존심이 강해서 체면을 깎이는 일은 잘
　하지 않는다.

### 7) 콧구멍이 작은 코

▶ 적극성과 승부사 기질, 돌파력이 약간
  부족하다.

▶ 대범하지 못해 큰일은 벌이지 못하지만
  금전관리는 잘 하는 편이다.

▶ 콧구멍이 침을 간수하는 침통과 같이 좁
  으면 포부도 작고 성품이 인색하며 구
  두쇠다.

### 8) 짧고 낮은 코

낮은 코라 해서 보기 싫을 정도로 푹 찌그
러진 코의 생김이 아니다. 너무 우뚝하게
솟지 않으면서 살이 풍만하게 감싸주어 단
단해 뵈는 코를 말한다.

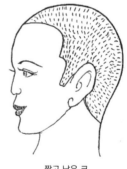

짧고 낮은 코

코가 짧다는 것은, 얼굴을 옆에서 봤을 때 이마에서 눈썹, 눈썹에서 코의 준두 끝, 코 끝에서 턱 끝, 이렇게 삼등분으로 나눠서 볼 때 그 중 코의 길이가 짧은 듯 보이는 모양을 말한다.

▶ 자존심을 굽히고 상황에 따라 물러서거나 휘어질 줄 아는 융통성과 처세가 좋다.

▶ 타협성과 남의 의견을 받아들이는 재능 또한 뛰어나다.

▶ 어떤 사안에 대해서 깊이 파고들기보다는 넓고도 얕게 정세를 파악해서 상황에 따라 대처하는 임기응변이 매우 좋다.

▶ 눈치가 빠르다.

▶ 긴 코나 높은 코는 어떤 사안이나 세상살이에 깊고도 신중히 접근하는 형이지만, 짧고 낮은 코는 그때그때의 상황에 따라 대처능력과 순발력이 뛰어나고 이재에도 밝다.

만일 이런 짧은 코의 특징으로 조선시대에 살았다면, 능수능란함으로 자칫 줏대도 없는 변절자라는 손가락질을 받았을 것이다. 하지만 하루하루가 변화 무쌍하게 돌아가는 이 시대에 다양한 사람들과 대인관계를 맺으며 살아야 하는 현대인에게는 현안에 따라 자존심도 굽힐 줄 알고 적응력이 좋은 짧고 낮은코가 유리할 것이다.

▶ 단점이라면, 결단력과 줏대가 없고 경솔한 면이 있다.

▶ 스케일도 작고 대범하지 못하며 포용력이 적어서 큰 인물은 못된다.

## 9) 준두보다 콧방울이 아래로 처진 코

▶ 어린아이들한테서 흔히 볼 수 있는 코의 모양인데, 성인이 돼서도 이런 코라면 아랫사람 등 부하운이 나쁘다.

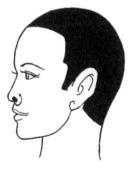

처진 콧방울

▶ 아랫사람으로부터 존경도 못 받고 돌봐
주어도 보답을 못 받는다.

▶ 콧구멍의 좌우 크기가 다른 코는 경제관
념은 있지만 저축심이 부족하다.

## 10) 콧구멍이 자주 벌렁벌렁 움직이는 코

▶ 말을 할 때 콧구멍이 벌렁벌렁 움직이는
코는 감정에 따라 일을 판단하고 불필요
하게 금전을 지출하는 형이어서 재산 관
리를 잘 해야 한다.

▶ 머리카락 난 부분은 큰데 코가 빈약하면
하는 일이 자주 막히고 재난을 만난다.

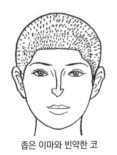

좁은 이마와 빈약한 코

## 11) 턱이 진 코

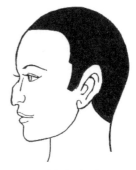

턱이 진 코(없음)

▶ 중년 무렵에 부부관계나 자신이 하는 일에 인생 중 가장 큰 고비가 닥칠 상이다.

▶ 자존심과 개성, 공격성과 일에 대한 추진력, 집념이 강하고 타협심이 없어 자기주장을 좀체 양보치 않는다.

▶ 남의 밑에서 일하기보다는 자기일을 가지든가 사업가 상이다.

▶ 여성은 남자 운이 그리 좋지 않을수 있고 자기 인생을 스스로 개척하며 살아갈 상인데, 애인이나 배우자 감으로는 수동적인 남자가 잘 맞다.

▶ 콧대에 살이 없어서 뼈가 드러나면 이름을 얻더라도 부부 사이가 깨진다.

▶ 콧대 부분이 뼈가 툭 튀어나오면 집과 땅을 팔아 없앤다.

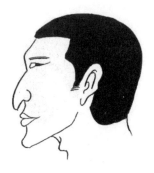

매부리 코

## 12) 매부리 코

▶ 금전적으로 탐욕스럽고 인색하다.

▶ 냉철한 이성의 소유자로 두뇌회전이 빠르고 기회 포착과 요령이 좋다.

▶ 자화자찬을 잘하고 권력으로 상대를 굴복시키길 좋아하며 자신의 이익을 위해서는 배신도 할 수 있는 형이다.

▶ 재물 운은 매우 좋다.

▶ 여성은 운수의 굴곡이 많다.

▶ 코끝에 살이 없고 뾰족한 자는 교활하고 성격이 차갑다.

▶ 코를 옆에서 보아 솔개나 매의 부리처럼 꼬부라지면 간교하고 악랄한 일을 벌이는 자이다.

▶콧대에 살이 없어 칼등처럼 메마른 사람
이 짧은 길이의 눈을 가졌다면 흉하거나
천한 일을 하며 살리라.

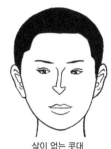

살이 없는 콧대

▶코가 작으면서 메마른 것은 네 가지 나쁜
것에 해당되니 노력을 해도 허사가 된다.

▶콧대가 짧은 사람이 준두만 높다면 늙어
서 굴곡진 삶을 살아가리라.

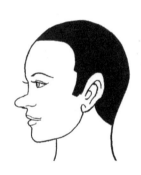

▶늘 앞니가 드러나 보이고 앞 목뼈(인후)가
튀어나온 사람이 콧구멍마저 훤히 보인
다면 반드시 굶주리며 살고 단명하리라.

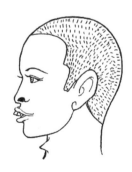

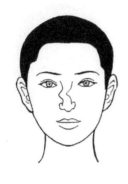

### 13) 콧대가 삐뚤어진 코

▶ 마흔 전후에 재산상 손해를 보고 부부 사
　이에도 문제가 발생한다.

▶ 부모 중 한쪽과의 인연이 멀 수도 있다.

▶ 콧대가 삐뚤어지고 굴곡지면 마음이 간
　사스럽고 교활하며 남의 것을 탐낸다.

▶ 콧대가 삐뚤어져 있으면 재산이 흩어지
　거나 늙어서 궁색하다.

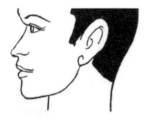

### 14) 코의 산근이 지나치게 낮은 코

▶ 명예심과 지능이 그리 좋지 못하다.

▶ 사리판단력과 윤리감각도 떨어진다.

▶ 코 허리가 지나치게 높은 여자는 남편을
  속이고 자녀에게도 해가된다.

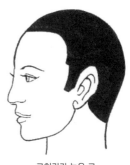

코허리가 높은 코

▶ 콧대가 높은 반면 이마가 좁은 여자라면
  끝내 남의 심부름꾼이나 첩이 된다.

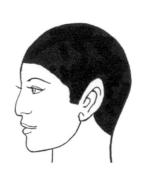

▶ 이마와 턱, 광대뼈는 낮은데 코만 홀로
  우뚝하다면 자식도 없이 외롭게 된다.

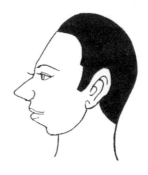

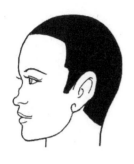

▶콧대의 높낮이가 굴곡지면 혈육과 멀어
　진다.

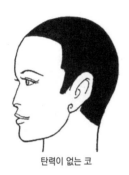

탄력이 없는 코

▶코에 뼈가 없는 듯 탄력이 없으면 단명
　한다.

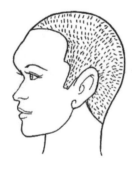

15) 높이 솟은 인당에 움푹 들어간 산근

옆에서 봤을 때 인당 부위가 높게 솟았다
가 코부리(눈과 눈 사이의 바로 아래)에서
갑자기 움푹 들어간 상을 말한다.

▶인색하다.

▶ 심술도 많고 상대방의 단점을 보는 눈이
　발달해 있다.

▶ 부정적 사고방식을 가지고 있다.

▶ 잔꾀가 많고 교활하다.

▶ 명이 그리 긴 상이 아니다.

▶ 코털이 많으면 좋으나 이 털이 바깥으로
　보이면 재산상 손해가 있고 금전 운이 일
　시적으로 막힌다.

## 16) 살결이 거친 코
▶ 피부에 각질이 일어나는 것을 말하는데,
　재산운과 이성운이 그리 좋지 못하다. 자
　중하면서 내공을 쌓을 필요가 있는 코다.

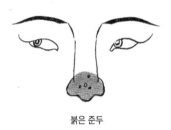

붉은 준두

## 17) 준두가 붉은 코

▶ 파산 혹은 법정에 설 수도 있는 운수. 만
  일 운이 좋아 재산을 많이 모으면 재난을
  만나거나 명이 짧아질 수도 있다.

▶ 머리는 비상하여 일벌이기를 좋아 하지
  만 계획만 찬란할 뿐 동분서주 바쁘기만
  하다.

▶ 준두가 빨가면 하는 일이 서로 엉키고 금
  전운이 꽉 막힌다.

▶ 준두가 빨갛면 직장에서 쫓겨나고 집안
  에서 다투는 일이 생긴다.

▶ 준두에 빨간 점이 나타나면 싸울일이 생
  기거나 형벌을 받을 수 있다.

▶ 콧대에 빨간 반점이 나타나면 피흘릴 일
  이 있다.

▶ 준두에 사마귀가 찍혀 있다면 하는 일이
막히고 어렵게 산다.

▶ 코에 검은 점이 있으면 항문 혹은 생식기
에 남모르는 질병을 갖고 있다.

▶ 준두가 거무스레하면 하는 일에서 실패
하고 재산이 흩어진다.

▶ 양쪽 콧볼(정위, 난대)이 거무스레 하면 하
는 일이 잘못되어 재산상 손해가 있다.

▶ 준두에 핏기가 없이 창백한 색이면 부모
상을 당하든가 자신의 재물이 흩어진다.

▶ 거무스름한 색이 코와 인중에 퍼지면 직
업에 문제가 생기든가 건강이 나빠진다.

▶ 거무스름한 색이 콧대를 지나 이마까지
퍼지면 감옥에 가는 일이 있다.

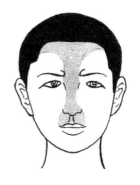

▶ 양쪽 콧구멍 근처가 거무스름하면 재앙을 만나서 어려움에 빠진다.

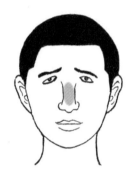

▶ 콧구멍의 주변 피부가 거칠면 뜨거운 물이나 불에 의한 화상을 조심해야 한다.

▶ 콧대의 색깔이 거무스름하면 생명이 위독하다.

▶ 산근(양쪽 눈 사이)에 검은 기운이 나타나면 배우자에게 불리한 일이 생기거나 재물을 잃는다.

▶ 콧대가 창백한 기운이 서리면 1년 내에 가까운 사람이 죽는다.

## 18) 준두에 가로 주름이 있는 코

▶ 재산을 날리는 등 풍파가 많고 운수가
   나쁜 상이다.

▶ 배우자와 자녀와의 관계도 나쁘고 고독
   해 질 상이다.

▶ 법정 다툼과 교통사고 등을 유의해야 한
   다.

## 19) 준두에 난 흉터나 점

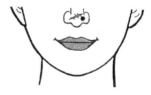

▶ 살아가면서 굴곡진 일을 많이 만나고 남
   들보다 노력을 많이 해야하는 상.

▶ 남녀 모두 성욕이 강하고 그것 때문에 말
   썽이 일어날 소지를 안고 있다.

세로 주름이 있는 콧대

## 20) 세로주름이 있는 콧날

재산상 손해를 보든지 부부의 사이가 그리
좋지 못할 상이다.

▶ 남녀 관계에서 말썽이 일어날 소지가 있
  으니 조심해야 한다.

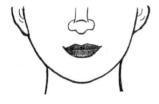

## 21) 산근(콧부리)의 가로주름

▶ 자녀들이 직업이나 결혼 때문에 부모와
  떨어져 산다.

▶ 남을 도와주고 챙겨줘야 하는 일들이 많
  이 생기고 늙어서도 일을하며 보낸다.

▶ 주름이 한 가닥으로 보기좋게 나있으면
  성격도 좋고 가정도 원만하다.

# 6. 입

입은 오관(五官) 가운데 여러 가지가 들어오고 나가는 부위라 하여 출납관(出納官)이라 한다. 〈주역〉에서는 입을 '만물의 조화를 일으키는 곳'이라 표현하는데 그것은 귀, 눈 코, 눈썹, 눈, 입 중에서 가장 많이 움직일 수 있는 것이며, 가장 많은 작용을 하는 것이기 때문이다. 또한 '말 한마디에 천 냥 빚도 갚는다'는 말이 있듯이, 입과 혀를 잘 사용하느냐 못하느냐에 따라 자신의 운명이 좌우된다.

심장에서부터 목구멍을 통해 연결된 가장 바깥 부위에 해당하는 입은, 온갖 상벌과 희로애락을 일으키는 장본인이다. 입은 얼굴의 삼정(三停) 중 땅에 속하면서, 모든 흐르는 물을 마지막으로 받아들이는 대해(大海)이다. 때문에 입은 땅과 물의 원리를 최대한 살려 그 모양이 땅처럼 두터워야 하며, 흐르는 강물처럼 길고 윤택해야 한다.

또한 상을 볼 때 남자는 눈을, 여자는 입을 주로 보는데, 눈은 하늘에 떠 있는 태양으로서 양에 해당하는 남자의 상징이 되며, 입은 바다요 땅으로서 음에 해당하는 여자를 상징하는 기관이기 때문이다. 만약 여성의 입이 제대로 격을 갖추지 못했다면, 다른 곳이 아무리 잘생겨도 귀부인이 되기는 힘들다.

### 입의 기본형태와 명칭

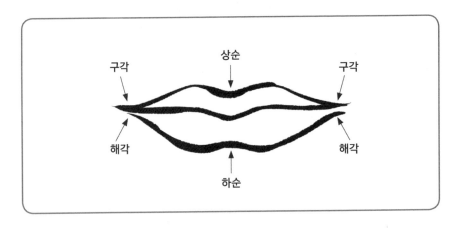

입은 공기가 드나드는 문이고 음식이 들어가는 곳이며 자신의 생각을 밖으로 표현하는 기관이다. 어떻게 입을 벌리고 닫느냐에 따라 행복과 불행이 갈리고 인생의 성공과 실패에도 영향을 끼친다.

## 1) 이상적인 입 모양

▶ 입은 큰 듯하면서 입술도 약간 두터운 모양이 좋다.

▶ 단정하게 다물어져 힘있게 보여야 한다.

▶ 입술이 튀어나오지 않고 평평하면서 입의 양쪽 끝이 탄력이 있으면 재물을 얻을 수 있다.

▶ 입이 넉 사(四)자 모양으로 모가지고 탄력이 있으면 재물이 많이 모인다.

▶ 입의 모양이 활의 양쪽 끝처럼 위로 향하면 긍정적 사고방식을 갖고 있는 사람이고 관직에서 출세하거나 재물을 많이 얻는다. 일처리를 야무지게 하고 여성은 살림을 매끄럽게 잘한다.

▶ 뚜렷한 구각선이면 일에 대한 집중력이 좋고 끊고 맺음이 확실하다.

▶ 입이 주먹 하나가 드나들 정도로 크면 장군이나 재상 곁에서 지낸다.

▶입술이 붉고 수염이 희면 말년을 화목하
게 보낼 수 있다.

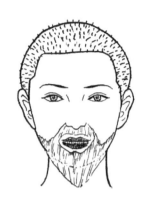

▶위아래의 입술에 탄력이 있고 두터운 사
람은 충실하고 신뢰가 가는 사람이다.

▶입술이 붉은 연꽃 색깔이면 재산이 풍
족하다.

▶입술에 세로주름이 없고 평평하면서 입
의 양쪽 끝(구각)이 아래로 쳐지면 억울
한 구설수에 오르내린다.

아래로 처진 입

▶ 입술에 세로주름이 없는 사람은 고독
하다.

▶ 아랫입술이 쳐진 사람은 춥고 고독하다.

▶ 입이 넓으면서 입술 두께가 얇으면 여
흥을 즐기는 사람이고 나쁜 재앙을 만
나지는 않는다.

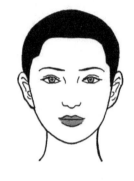

▶ 입술이 긴 사람이 짧은 치아를 가지면 장
수한다.

▶ 혀는 큰데 입이 작으면 가난하게 살고 일
찍 요절한다.

▶ 입술이 소라고동처럼 앞으로 튀어나오면 굶어 죽든가 자식이 있더라도 떨어져 산다.

▶ 말을 빠른 속도로 이야기하고 입을 오므려서 앞으로 내민 형상이면 가정이 깨지고 여기 저기 떠돌아 다닌다.

▶ 입술이 메마르고 오므라진 사람은 요절한다.

▶ 입 주위가 지저분하게 보이면 가난하고 천하게 산다.

지저분한 입

▶ 윗입술이 아랫입술보다 긴 사람은 아버지가 먼저 죽고 아랫입술이 윗입술보다 길면 어머니가 먼저죽는다.

윗입술이 긴 입

아랫입술이 긴 입

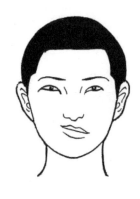

## 2) 삐뚤어진 입

▶ 남에게 지기 싫어하는 허세가 있다.

▶ 고집이 매우 세고 콩을 팥이라 우긴다.

▶ 대인관계에서 협조와 타협을 하지 않아 적을 만들고 다툼이 잦다. 이런 성격 때문에 부부 관계도 소원해질 가능성이 있다.

▶ 남의 밑에서 일하기보다는 개인적으로 할 수 있는 농업이나 개인사업, 기술직 쪽 직업이 적합하다.

▶ 입술이 한쪽으로 치우쳐 삐뚤어져 있으면 배우자에게 해롭다.

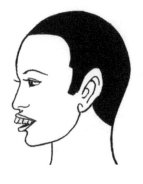

## 3) 입술이 늘 벌어져 치아가 밖으로 드러나는 입

말을 하지 않을 때라도 입술이 다물어지지 않고 치아가 밖으로 드러나 보이는 입이 있다.

▶ 언어능력이 발달해 있다.

▶ 자신의 감정을 숨기지 않는 솔직한 성품
  을 갖고 있다.

▶ 경솔하고 끈기가 없어서 일을 하더라도
  끝맺음이 흐지부지 된다.

▶ 비밀을 지키지 못한다.

▶ 시비 벌이기를 좋아하는 사람은 치아가
  늘 드러난 채 다물어지지 않는 사람이다.

▶ 아래와 위의 입술이 얇은 사람은 헛된 말
  을 잘 하고 아래 서열에서 산다.

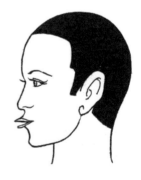

▶ 입술이 얇고 탄력이 없는 사람은 가난하
  고 천하다.

▶ 입술이 뾰족하면 기쁜 일에도 시비를 벌
  이는 사람이다.

### 4) 얇은 입술

▶ 책임감이 있다.

▶ 담백하다.

▶ 애정이 적고 타산적이며 냉철하다.

▶ 자기주관이 뚜렷치 않고 수동적이다.

▶ 시기심과 질투심이 많고 적극성과 열정
  이 부족하다.

▶ 얇은 입술에 다변인 사람은 타인의 비밀
  스런 정보를 삼자에게 이야기할 때 가려
  가며 해야 한다.

### 5) 큰 입

▶ 주관이 뚜렷하고 도전적이다.

▶ 욕망과 동물적 본능이 강한 야심가다.

▶ 여성은 매사에 적극적이며 재물운도 좋고 애정에도 정열가다. 다만 입이 크면서도 야무진 느낌이 있어야 똑똑하고 포용력도 좋은데, 탄력이 없고 두텁기만 한 입술은 색욕에 빠지기 쉽다. 또한 이런 입은 일을 하더라도 애착심과 집중력이 떨어져 끝마무리를 잘하지 못한다.

▶ 입이 크면서도 입술이 엷으면, 냉정하고 이기적이며 타인의 비밀을 잘 지켜주지 못한다.

▶ 입이 얼굴 균형에 비해 지나치게 크면 자기주장이 강하고 탐욕적이어서 혈육과 주변 사람들과의 관계에서 갈등을 일으킨다.

▶ 입이 크면서 얼굴의 다른 부위와 조화를 이루면 생활력도 강하고 입신출세할 상이다.

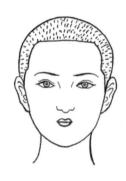

## 6) 작은 입

▶ 소심해서 자기주장을 적극적으로 표현
  하지 못하고 행동에서도 소극적이다.

▶ 적극성과 정열이 부족하다.

▶ 50세 전후에 가까운 사람과의 큰 금전
  거래에서 타격을 받거나 가정생활에서
  변화가 있을 가능성이 있다.

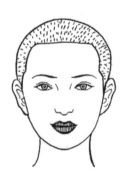

## 7) 두터운 입술

▶ 고집이 세다.

▶ 도전적이다.

▶ 부정적, 비판적 성향이 강하다.

▶ 동적인 감성이 발달해 있고 적극적이다.

▶ 남녀 애정에서 일어나는 문제를 조심해
야 한다.

▶ 자기주관이 뚜렷하다.

▶ 융통성이 부족하다.

## 8) 툭 튀어나온 입술

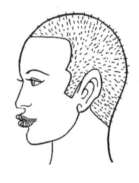

▶ 주관이 뚜렷하다.

▶ 적극적인 성향 탓에 언어와 동작이 거
칠다.

▶ 자신의 생각과 불평불만을 노골적으로
표현해 대인관계에서 불화가 잦다.

▶ 동물적이고 공격적이며 도전정신이 강
하다.

▶ 웅변으로 사람을 압도하기도 한다.

▶ 생활력은 왕성하고 이성과의 애정문제
   에서도 적극적이다.

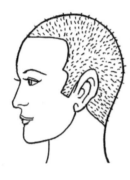

## 9) 들어간 입술

▶ 책임감이 강하고 매우 성실하다.

▶ 수동적이고 내성적이어서 다툼을 좋아
   하지 않는다.

▶ 세심하고 꼼꼼한 성격이다.

▶ 자신의 생각을 좀체 밖으로 드러내지 않
   고 가슴속에만 불태우는 일이 잦다.

▶ 지나치게 신중하거나 자신의 주장을 내
   세우지 못하는 것도 자기 인생을 살아가
   는 데는 그리 바람직스럽지 않다.

## 10) 늘 열려 있는 입술

말을 하지 않을 때는 입술이 닫혀 있는 것으로 인식하기 쉽지만, 자신도 모르는 사이에 입이 늘 벌려져 있는 사람이 있다.

▶ 이런 사람은 지능 발달이 늦거나 나쁘고 무슨 일을 하든 끈기와 근성이 부족하다.

▶ 집중력이 떨어진다.

▶ 자기 주관보다는 남의 뜻에 따르는 일이 잦고 일을 하더라도 끝맺음이 매끄럽지 못하다.

## 11) 아랫입술이 튀어나온 입

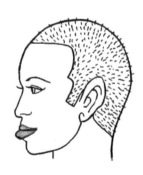

아랫입술이 많이 나와서 윗입술을 덮는 모양이다.

▶ 사춘기 이전에 한쪽 부모와의 인연이 좋지 못했다.

▶ 부부생활이 원만치 못할 가능성 있다.

▶ 같은 입술 모양이라도 두 가지 성향의 성격으로 나눌 수 있다.

첫째, 잔정이 깊고 자기주장을 잘 하지 못하며 소심하고 내성적인 사람.

둘째, 외향적이고 활달한 사람이라면 허풍이 세고 언행도 경솔한 유형이 있다. 이런 사람이라면 자신의 속셈을 감추고 이익을 위해선 신의를 깨트리는 이기주의자다. 정이 부족하고 불평불만이 많으며 상대의 애정만을 요구하기도 한다. 말은 그럴싸하게 잘하지만 뱃속을 알 수 없기 때문에 오래 사귈수록 믿음을 주지 못한다. 여성은 남편을 지배하려 든다.

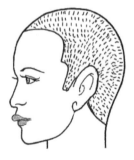

## 12) 윗입술이 아랫입술을 덮는 입

▶ 온순하고 내성적이며 꼼꼼한 성격이다.

▶ 자기주장보다 남의 의견에 따르는 수동형이다.

▶ 여성은 남편의 의견에 잘 따르는 맹종한다.

▶ 이론가이며 정의감도 있다.

▶ 세로주름이 많은 입술은 애교와 애정이 깊고 사교성도 좋다.

세로 주름이 많은 입술

## 13) 가로주름이 있는 입술

▶ 혈육과의 인연이 좋지 못하고 고독한 상.

가로 주름이 많은 입술

▶ 위궤양 등 소화기 계통이 약하다.

▶ 주름이 없는 입술은 겸손함이 없고 건방지다.

주름이 없는 입술

선명하지 않은 입술 선

## 14) 선명하지 않은 입술선

▶ 부모 등 조상의 음덕이 적다.

▶ 일에 집중력이 떨어지고 싫증을 잘낸다.

▶ 노년에 성공키 어렵다.

검푸른 색깔의 입술

## 15) 검푸른 입술 색깔

▶ 탐욕스럽다.

▶ 인정이 없고 차갑다.

▶ 매우 이기적이고 타산적이다.

▶ 성품이 독하고 거짓말을 잘 한다.

▶ 음흉하다.

▶ 간음 주의.

▶ 간기능이나 소화기 계통이 약하다.

▶ 입의 양쪽(구각)에 창백한 색깔이 나타나
면 아픔이 눈앞에 있다.

사학당四學堂

오른쪽

# 7. 치아

치아는 음식물을 씹어서 우리 몸의 각 기관에 영양분을 공급하는 첫 단계의 역할을 한다. 인체의 뼈가 튼튼하면 치아도 견고하고 골격이 쇠퇴하면 치아도 약해짐을 알 수 있다. 뼈와 치아는 유기적 관계에 있는 것이다.

치아의 생김으로 당사자의 성격과 혈육관계, 건강상태, 식복의 유무, 수명의 장단을 예측할 수 있다.

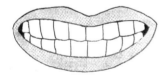

▶ 치아가 백옥같이 희고 아래 위의 치아가 잘 맞으면 젊어서부터 무리에서 이름을 얻는다.

▶ 말할 때 치아가 보이지 않는 사람은 부유하고 귀하게 된다.

▶ 치아가 석류 같은 사람은 의식이 풍족하다.

▶ 치아가 약간 길면서 뒤틀림 없이 고르게 틈새가 없어야 하며 빛깔도 희고 빛이 나면 성품도 바르고 건강과 재물운도 좋다.

## 1) 입술이 까뒤집혀지고 앞 치아가 늘 드러나 보이는 상

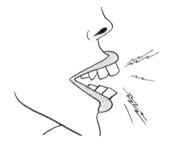

▶ 호기심이 왕성하고 적극적이다.

▶ 약삭빠르다.

▶ 색정이 깊다.

▶ 떠버리 수준의 다변이다.

▶ 지나치게 솔직한 성격 때문에 경솔하게 비쳐진다.

▶ 비밀을 지키지 못하여 오래 사귄 사람들 일수록 신뢰를 얻지 못한다.

▶ 객지에서 사망한다.

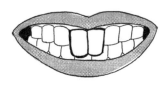

토끼형 치아

## 2) 윗니 두개가 긴 토끼형의 치아

▶ 밝고 솔직한 성품의 소유자이고 사교성
  도 좋다.

▶ 가볍고 경솔해서 비밀을 잘 지키지 못하
  는 단점이 있다.

▶ 순발력과 언어능력이 뛰어나서 그 방면
  으로 직업을 정하면 좋은 능력을 발휘할
  것이다.

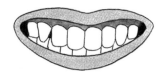

잇몸이 드러난 치아

## 3) 치아와 잇몸이 훤히 드러나는 상

▶ 적극적이고 낙천가이고 뒤끝이 길지 않
  은 솔직한 성품을 가진 사람이다.

▶ 감성이 발달한 성격이어서 여성의 경우
  는 유혹에 약할 수도 있다.

▶ 잇몸이 늘 드러나 보이는 사람은 갑작스
  럽게 어려움이 다가온다.

## 4) 크고 긴 앞니

▶ 활동적이고 체력이 좋다.

▶ 색욕이 강하다.

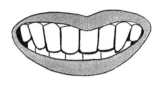

큰 앞치아

▶ 언변이 좋고 자기주장이 강하다.

▶ 치아의 길이가 너무길면 귀하게 된다고 할 수 없다.

▶ 앞니가 작고 가지런한 치아는 구두쇠로 금전관리를 잘한다.

## 5) 덧니

▶ 윗 치아에 난 덧니는 밝고 애교도 있으며 매우 솔직한 성격이어서 마음속에 품은 생각이 금세 얼굴 표정으로 드러난다. 그러나 여성의 보기 싫을 정도로 심한 덧니는 초혼이 그리 순탄치 않을 가능성도 있다.

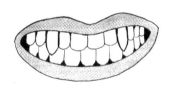

## 6) 옥니

▶ 자신의 생각을 상대방에게 시원하게 털
 어놓지 않는다.

▶ 교제 범위가 그리 넓지 않고 음성적인 성
 격이다.

▶ 언행이 조심스럽고 집념이 강하다.

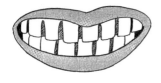

## 7) 틈새가 벌어진 치아

▶ 치아 사이가 벌어져 음식물이 샐 정도의
 사람은 가난하다.

▶ 치아가 짧고 가늘고 좁으면서 틈새가 벌
 어져 있으면 단명하고 10년을 공부해도
 벼슬을 이루지 못한다.

▶ 치아 사이가 벌어져 있으면 가난하고 복
 이 적다.

▶틈새가 벌어진 앞니는 본인이나 배우자
의 갑작스런 사고를 조심해야한다.

## 8) 비뚤어진 앞 치아

▶앞치아가 두 개 겹쳐난 사람은 심성이
교활하고 삐뚤어져 있다.

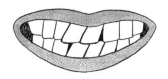

▶앞 치아가 비스듬히 난 사람은 갑자기
망한다.

▶치아가 요란스럽게 겹친 사람은 교활하
다.

▶치아가 어긋나서 가지런하지 않으면 남
을 속이는 심뽀를 가졌다.

▶아랫니가 지나치게 많이 삐뚤어져 있으
면 자신이 양자였거나 양자를 둘 가능
성도 있다.

▶ 두 개가 뒤틀려 겹쳐진 듯한 웃니는 부정
적, 비판적 성향이 강하고 성격도 바르지
못하며 허풍이 심한 상이다.

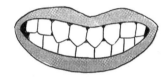

## 9) 앞 이가 뾰족한 톱니치아

▶ 앞 치아 끝이 뾰족해서 톱니 같은 사람
은 성격이 거칠어서 먹고 사는데 어려
움이 많다.

▶ 이를 갈고 머리를 흔드는 사람은 그 성
격이 간사하고 욕심 많음이 비할 데가
없다.

## 10) 치아의 색

▶ 검은 색 앞니가 있으면 바람기가 있다.

▶ 치아의 색깔이 윤기가 없고 어두우면 장
수하지 못한다.

▶ 이가 거무스레하고 사이가 떠서 옷에 바느질 자국같이 생긴 사람은 평생 재난이 일어난다.

▶ 치아가 불그스름하고 메마른 듯한 사람은 갑자기 요절한다.

## 11) 치아의 빠짐

▶ 늙기도 전에 치아가 빠지면 수명을 재촉한다.

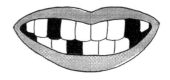

▶ 늙어서 치아가 새로 나면 본인에겐 좋지만 자녀에게는 나쁜 일이 일어난다.

## 12) 치아의 개수

▶ 위아래 치아 수를 합해서 38개면 큰 인물이 될 상이다.

▶ 치아가 36개 나 있으면 고관이 아니면
거부가 된다.

▶ 32개가 난 치아는 중품의 복을 가졌다.

▶ 30개 난 치아는 보통의 운이다.

▶ 28개 미만은 빈궁하고 하천하다.

오성五星

# 8. 혀

아랫배로부터 나온 기운은 혀와 입술이 어우러져 소리로 울려 나오게 하며 마음을 밖으로 표현하는 기관이다.
또한 음식의 단맛, 쓴맛, 신맛, 짠맛, 매운맛을 가려내는 역할을 한다.

## 1) 혀의 종류
▶ 혀 모양이 단정하면서 길고 넓으면 좋은 상이다.

▶ 손바닥같이 튼튼한 혀는 고관이 된다.

▶ 혀의 색깔이 붉고 깨끗한 사람은 귀하게 된다.

▶ 혀가 두텁고 예쁘면 부자가 된다.

길면서 두터운 혀

좁고 긴 혀

짧으면서 얇은 혀

뾰족하고 짧은 혀

▶ 혀가 좁고 길기만 하면 간사한 도적상
이다.

▶ 혀가 크기만 하고 얇은 자는 헛된 말을
많이 한다.

▶ 혀가 짧으면서 얇은 자는 발전이 없다.

▶ 혀가 끊어진 듯 짧은 자는 하는 일이 자
주 막힌다.

▶ 혀가 짧으면서 얇으면 춥고 배고픈 인
생이다.

▶ 혀끝이 뾰족하고 짧은 자는 탐욕스럽다.

▶ 혀를 뱀처럼 날름거리는 자는 사람을 해
치는 독충과 같다.

▶ 말하기 전에 혀부터 내미는 자는 거짓말을 잘 한다.

▶ 말하기 전에 혀로 입술을 핥는 자는 음란하다.

▶ 혀가 길어서 코에 닿는 사람은 지위가 매우 높이 오르고 부귀 장수한다.

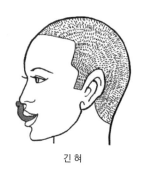

긴 혀

▶ 혀에 곧은 주름이 새겨진 사람은 높은 지위에 오른다.

혀에 난 무늬

▶ 혀에 가로 주름이 있으면 좋은 직업을 가진다.

▶ 혀에 비단결처럼 무늬가 많으면 극히 귀한 사람이 된다.

▶ 혀에 무늬가 많으면 관직에 오르고 혀에 무늬가 없으면 평범한 사람이다.

▶ 혀는 짧지만 두께가 두터우면 벼슬길에 오른다.

거무스름한 혀

▶ 혀가 검은색을 띤 자는 천박스럽다.

▶ 혀가 잿빛처럼 희끄무레 한 사람은 가난하다.

▶ 혀에 검은 점이 있으면 거짓말을 잘 한다.

▶ 혀의 윗부분이 푸르스름하면 혈육 간에 정이 없고 의리를 지키지 못한다.

▶ 혀는 작은데 입이 크면 말솜씨가 좋다.

▶ 혀는 큰데 입이 작으면 일의 끝을 보지
못한다.

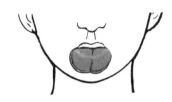

## 2) 혀의 점

▶ 말에 의한 실수 조심

▶ 소화기 계통 약함

▶ 습관적으로 침을 자주 뱉는 사람은 운이
새나가고 건강에도 해롭다.

# 9. 인중

인중은 코와 입술 사이에 있는데 도랑과 같은 홈이 파여져 있다. 인중의 이 작은 표시에서 심성, 남녀 관계, 자녀 사이를 알아 볼 수 있다.

## 1) 이상적인 인중

▶ 인중은 넓고 길이가 길며 가운데는 뚜렷해야 좋다.

▶ 인중이 대나무를 쪼갠 듯 홈이 또렷하면 심성이 바르고 부유하다.

▶ 인중의 홈은 위로부터 아래로 내려가면서 점차 넓어져야 좋다.

▶ 인중이 위에서부터 아래가 바르고 골이 뚜렷하면 신의가 있고 마음도 바르다.

이상적인 인중

▶ 인중의 위가 좁고 아래로 갈수록 넓어지면 자손이 많다.

▶ 인중이 깊고 긴 사람은 장수한다.

▶ 위와 아래가 균등하게 깊고 곧으면 자손을 많이 둔다.

▶ 인중은 삐뚤어지지 않고 곧아야 한다.

▶ 인중의 색깔이 밝고 탄력이 있으면 하는 일이 잘되고 덕이 있다.

## 2) 짧은 인중

▶ 인중이 짧으면 성급하고 고집이 세다.

▶ 인중의 골이 뚜렷치 않으면서 넓기만 하면 지능이 낮고 끈기가 부족하며 자식이 없고 단명한다.

짧은 인중

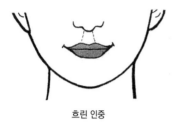

흐린 인중

### 3) 흐린 인중

▶ 인중의 골이 없는 듯이 평평하거나 얕으면 자식을 낳지 못한다.

▶ 인중의 골이 얕고 짧은 사람은 장수하지 못한다.

아래로 갈수록 좁아지는 인중

### 4) 아래로 갈수록 좁아지는 인중

▶ 인중의 위가 넓고 아래로 내려갈수록 좁아지면 자녀의 수가 적고 늙어서 운이 나빠진다.

▶ 인중의 위가 넓고 아래로 내려갈수록 좁아지면 간사스러움이 있다.

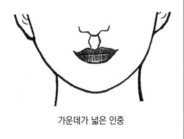

가운데가 넓은 인중

### 5) 가운데가 넓은 인중

▶ 인중이 위와 아래는 좁은데 가운데만 넓으면 자녀가 질병이나 사고로 인해 제대로 성장하지 못한다.

## 6) 폭이 좁은 인중

▶ 인중의 폭이 좁고 가늘면 입을 의복과 먹을 음식에서 애로를 많이 느낀다.

▶ 인중이 바늘을 매단 것처럼 가늘면 자손이 끊기고 가난하다.

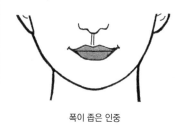

폭이 좁은 인중

## 7) 삐뚤어진 인중

▶ 인중이 삐뚤어진 사람은 마음도 삐딱하고 신용이 없다.

▶ 인중이 삐뚤어져 있으면 부부 사이가 나쁘다.

▶ 인중이 삐뚤어져 있으면 한쪽 부모와의 인연이 멀다.

삐뚤어진 인중

인중 옆 수염

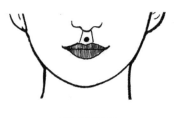

인중 주위의 점

## 8) 인중 옆 수염

▶ 인중 옆에 수염이 안 나는 사람은 그릇
  이 적다.

▶ 인중 옆에 수염이 나면 생활력이 왕성
  하다.

## 9) 인중 주위의 점

▶ 인중에 검은 점이 있으면 초혼에 실패
  한다.

▶ 인중의 윗부분에 점이 있으면 아들을 많
  이 둔다.

▶ 인중의 아랫부분에 검은 점이 있으면 딸
  을 많이 둔다.

▶ 상처나 점이 있는 인중은 부부를 포함해
  이성에 의한 정신적 상처를 크게 받는다.

## 10) 흉터나 주름이 있는 인중

▶ 인중에 가로주름이나 상처가 있으면 결혼에 실패하고 자손이 없을 수도 있다.

흉터나 주름이 있는 인중

▶ 인중에 세로 주름이나 세로로 난 흉터가 있으면 자식을 낳아도 질병이 있다.

흉터나 주름이 있는 인중

## 11) 인중 주위의 피부색

▶ 인중이 거무스레한 빛깔이 나타나면 갑작스럽게 병이 걸린다.

인중 주위의 피부색

▶ 인중에 거무스레한 색이 나타나면 물 조심해야 한다.

▶ 인중에 푸르스름한 색이 나타나면 재산
　이 흩어진다.

▶ 인중이 창백하면 부인의 출산에 어려움
　이 따른다.

육부六府

# 10. 귀

오관(五官)은 귀, 눈, 입, 코, 눈썹으로서,
귀를 오관 중 맨 먼저 놓는다.

귀는 오관의 근본으로서 생명력의 뿌리를
이루며, 심성과 음덕을 이루는 바탕이 되
기 때문이다. 귀는 주로 15세 이전의 초년
운을 지배하여 부모의 음덕과 조상의 기운
을 담은 기틀이 되고, 얼굴의 옆면에 있으
면서 자신을 방어해준다.

다른 부위는 정면에 함께 모여 있는데 귀
만 옆면에 따로 떨어져 잘 보이지 않으면
서 전체를 관장한다.

귀는 상부(上部), 중부(中部), 하부(下部)로
나누어서 보며, 각각이 하늘과 나자신과
땅의 원리를 담고 있다.

상부인 하늘은 높고 둥글어 심오한 지혜와 덕을 나타내므로, 높이 솟아 둥글게 풍만해야 한다. 나 자신은 중심이 반듯하게 서 있어야 하므로 이에 해당하는 중부는 의지를 상징하여 단단해야 하며, 하부인 땅은 대지의 자애로움을 본받아 정을 의미하므로, 살집이 많고 홍조를 띠어야 좋은 상이다.

## 기본 형태와 명칭

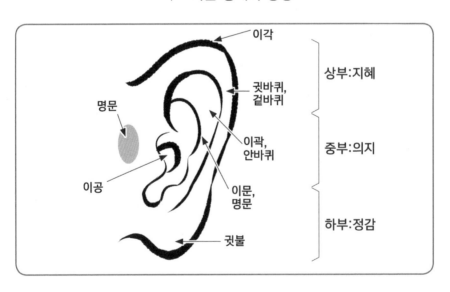

관상에서 귀는 재산의 많고 적음, 생명의 길고 짧음, 심성의 가벼움과 무거움을 가늠한다.

또한 귀의 색을 보고 최근에 일어나는 운기의 상승과 하강을 보기도 하고 건강 상태를 예측할 수 있다.

그리고 의학적으로는 소리에 의한 정보를 수집하는 창구 역할과 신체의 균형 감각을 유지하도록 하는 기능을 맡고 있는 중요한 곳이다.

대부분의 사람들은 귀만 크면 천하무적인 줄 착각하면서 "귀가 큰 걸 보니 부자 되겠다"라고들 말하곤 하는데 그것은 하나만 알고 둘은 모르는 우물 안 개구리 식으로 좁은 지식의 소치다.

관상이란 것이 코나 귀 등 얼굴의 어느 한두 부위만 잘생겼다고 좋다 그르다 판단하는 분야가 아니다. 귀 큰 거지나 코 큰 거지들을 어떻게 설명할 것인가 말이다.

즉 여러 부위를 종합해서 그것들이 유기적 관계로 잘 짜여 있느냐를 봐야 하고 기의 모임과 흩어짐이 어떤지를 감지할 줄 알아야 한다.

그렇더라도 작은 귀보다야 큰 귀가 관상적으로 좋다는 건 두말할 나위가 없다.

귀에서 나타난 장, 단점을 알아간다면 사회생활 하는데 큰 도움이 될 것임은 분명하다.

## 1) 이상적인 귀
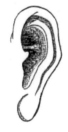
▶ 귀가 크면서도 살집이 두둑하고 윤기가 흐르면서 분홍빛이 돌면 최고로 좋은 귀다.

▶ 귀의 아랫부분이 어깨까지 내려오면서 윗부분이 눈썹보다 높으면 가난하게 살지 않는다.

▶ 귀가 커서 어깨로 늘어진 사람은 장수할 상이고 성욕도 강하다.

▶ 귀에 살이 붙은 자는 지능이 좋고 착실하며 매사에 공손한 심성을 가졌고 부유하게 산다.

▶ 귀에 살집이 붙어서 귓볼이 늘어진 사람은 감성이 풍부한 복상으로 성격도 원만하고 재물운이 좋으며 자비심도 많다.

▶ 작은 귀는 큰 귀에 비해 스케일이 크지는 않으나 윤기가 귀에 흐르고 색깔이 좋다면 심성이 착하고 좋은 운이다.

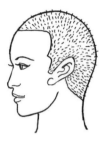

입을 향하는 귀

▶ 귓바퀴의 윤곽이 뚜렷하고 귀볼이 비스 듬히 입을 향하고 있으면 수명이 길다.

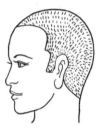

수직으로 내려온 귀

▶ 귓볼이 늘어지고 빛깔이 밝으며 비스 듬히 입을 향에 내려가면 부귀하고 영 광이 있다.

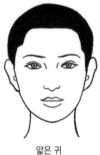

얇은 귀

## 2) 얇은 귀

▶ 남의 소문에 이리저리 휘둘리거나 중요 한 일에 성급하고 경솔하게 결정해서 일 을 그르칠 수 있다.

▶ 소문에 현혹되어 부동산 거래 시 큰 타격을 입을 가능성이 있으니 신중해야 한다.

▶ 건강, 재산에서 그리 좋다고 볼 수 없는데 다만 귀의 색깔이 밝고 윤택하다면 그 단점을 어느 정도 비켜갈 수 있을 것이다.

▶ 귀가 얇으면서 귓볼이 없는 사람은 여린 성격의 소유자이고 부동산에서 큰 손해를 보며 수명도 그리 길지 못하다.

▶ 귀의 두께가 얇으면서 귓바퀴가 정면을 향하고 있으면 집과 땅을 팔아 없애고 힘들게 산다.

▶ 귀의 두께가 얇으면서 귓바퀴가 정면을 향하고 있으면 가난하고 고생하며 자기 주관도 뚜렷치 않아서 남의 소문에 이리저리 이끌리며 산다.

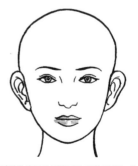

정면에서 보아 귓바퀴가 전부 보이는 상

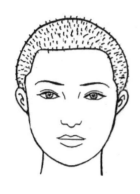

### 3) 작은 귀

귀의 크고 작음보다는 얼마나 단단하고 암팡지게 보이냐와 색깔이 밝으냐 어두운가에 따라 좋고 나쁨이 갈린다.

▶ 귀가 작으면서도 얇고 색이 창백하기까지 하다면, 겉보기는 인물이 잘 생긴 듯 보여도 활기가 떨어지고 일의 막힘이 자주 발생한다.

▶ 소심하고 예의 바르고 성실한 성품이다.

▶ 주관이 자주 흔들리고 능동적 인생보다는 수동적 인생상이다.

▶ 어떤 일을 결정할 때 성급하고 경솔해서 잘못된 판단을 할 우려가 있다.

▶ 약한 기(에너지)를 갖고 태어난 사람이어서 장기적으로 신경 많이쓰는 일을 피해야하고 과도한 몸활동도 자제해야 한다.

▶ 큰 그릇이 아닌 만큼 작은 금전, 작은 일
에 만족하며 차근차근 재산을 모아야 탈
이 안 생긴다.

▶ 장수상이 아니다.

▶ 귀가 작더라도 암팡지고 단단해 보이고
밝은 색을 띠면 운기가 살아 있다는 뜻이
다. 운기가 살아 있다는 말은 건강 상태
도 좋고 하는 일이 잘 풀리는 상승의 시
기라는 의미다.

4) 뺨에 붙어 정면에서 보이지 않는 귀
똑같이 귀가 보이지 않은 형이어도 귀의 폭
이 좁은 모양과 넓은 형이 있다.
① 뺨에 붙어 정면에서 보이지 않는 귀 중
   에 폭이 좁은 귀
▶ 주관이 뚜렷하다.

폭이 좁은 귀

▶ 고집이 세다.

▶ 집념과 집착이 강하고 편협한 사고방식을 가지고 있다.

▶ 이 단점을 고치려면, 타인의 의견을 진지하게 들어 줘야 하고 자기주장을 지나치게 내세우지 말아야 한다.

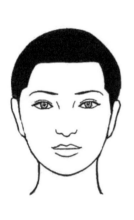

② 뺨에 붙어 정면에서 보이지 않으면서 폭이 넓은 귀

▶ 의지가 굳세고 무리를 거느리며 살 우두머리 상이다.

▶ 남에게 고용되기보다는 자력으로 운수를 개척하는 형이다.

▶ 건강하고 생활력이 강하다.

▶ 얼굴을 정면에서 볼 때 귀가 보이지 않는 사람은 '넌 도대체 누구의 아들이냐'고 물을 정도로 이름을 떨치며 재물을 얻는다.

폭이 넓은 귀

## 5) 칼 귀

칼귀는 사리 판단할 때 감정에 치우치지 않고 냉철해서 사사로운 감정에 좌우되지 않는다.

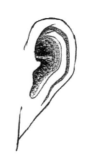

▶ 체념 또한 빨라서 친구에게 꾸어준 돈이나 오래 사귄 애인이 변심하면 매달리거나 구걸하지 않고 깨끗이 포기하고 잊어버린다.

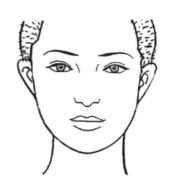

▶ 재운이 좋은 귀다.

## 6) 내륙의 곽이 밖으로 나온 귀

▶ 형제 중 맏이가 아닌 둘째나 셋째등 아래 형제가 흔히 가지고 있는 귀의 모습이다.

▶ 자존심과 반발심, 독립의지가 강하다.

▶ 활동적이다.

▶ 여성의 경우 적극적이고 신념도 강하며 수완도 좋다.

## 7) 윤곽이 뚜렷치 않은 귀

▶ 보수적이고 소극적이며 자기 주관이 뚜렷치 않다.

▶ 이기적이면서도 소심하다.

윤곽이 뚜렷한 귀

윤곽이 뚜렷하지 않은 귀

## 8) 오른쪽과 왼쪽의 크기나 모양이 다른 귀

▶ 어린 시절에 부모 중 어느 한쪽과 인연이
멀었다는 걸 나타낸다. 인연이 멀었다는
뜻은, 일찍 돌아가셨다든지 부모님의 사
이가 나빠 떨어져 살았던가 부모님의 직
업 때문에 떨어져 사는 바람에 정을 못
받고 자란 경우가 그것이다.

윤곽이 뚜렷하지 않은 귀

▶ 어릴 적부터 정서적으로 불안정한 상태
에서 성장했을 가능성이 있으므로 성인
이 되면서 안정을 찾는 게 우선이다.

## 9) 옆얼굴을 봤을 때 귀의 윗부분이 눈썹 선 위로 솟은 귀

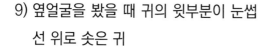

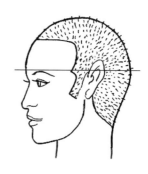

▶ 운동신경이 발달해 있고 정적인 면보다
는 동적인 형이다.

▶ 이성보다는 감성이 발달해 있다.

▶ 부지런하고 성실한 상이다.

## 10) 귀의 위 부위가 눈썹선 아래로 내려 온 귀

▶ 경솔치 않고 신중하며 치밀하게 계획을 짠다.

▶ 귀의 윗부분이 아래로 내려오면 귀 볼도 당연히 입 아래로 내려오게 되는데, 이런 모양의 귀는 재산 형성에서도 좋은 역할을 한다.

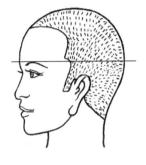

## 11) 뾰족한 귀

▶ 귀의 윗부분이 뾰족하면 사람을 헤치는 마음이 있다.

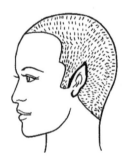

## 12) 폭이 넓은 귀

▶ 귀의 폭이 넓은 사람은 포용력이 있고 남과 조화를 잘 이룬다.

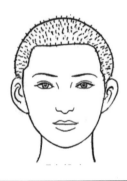

▶ 귀의 폭이 좁으면서 뺨에 달라붙어 정면
에서 잘 보이지 않으면 고집이 세서 편협
한 사고방식의 소유자이다.

## 13) 귓구멍이 좁은 귀

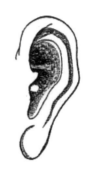

▶ 귓구멍이 겨우 침이 드나들 정도로 좁으
면 어리석고 고집이 세며 가난하다.

## 14) 귓속에 털이 난 귀

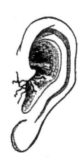

▶ 귓속에 털이 나있으면 장수한다.

## 15) 귓바퀴에 사마귀가 난 귀

▶ 사마귀가 귀에 있으면 장수한다.

▶ 귓바퀴에 사마귀가 있으면 귀한 아들을 낳는다.

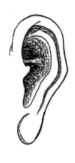

## 16) 귓불이 두툼한 귀

▶ 여자가 귓볼이 두툼하고 색깔이 밝으면 재운이 좋고 성욕도 왕성하다.

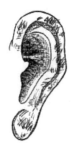

## 17) 귀의 색깔

▶ 귓바퀴의 윤곽이 분명하고 복숭아 색깔이 나면 영리하다.

▶ 귀의 색깔이 희면서 맑으면 총명하고 이름을 천하에 떨친다.

▶ 귀가 얼굴빛보다 희면 귀한 자손을 얻는다.

▶ 귀는 크고 작음보다 색깔이 훨씬 더 중요하다. 제 아무리 귀가 크고 살집이 있더라도 색깔이 나쁘다면 좋은 귀가 아니라는 뜻이다.

▶ 윤기가 흐르는 밝은 색은, 최근 혹은 몇 년 후나 그보다 더 오랜 세월 동안 운기가 상승하는 시기이다.

▶ 눈빛이 살아 있으면 귀 색깔도 점차 좋아지는 반면 눈에 힘이 없고 기가 흩어지는 느낌이 들면 귀의 색 또한 밝지않다.

▶ 가난하고 고독한 사람은 귀에 윤기가 없고 색깔이 어두우면서 지저분한 느낌이 든다.

▶ 귀에 윤기가 없고 창백하다면 현재 운이 막혀 있고 내부 장기에 질병이 진행 중에 있다.

▶ 귀가 거무스레하고 지저분하면 가난하고 어리석다.

▶ 귀가 먹칠한 듯 검으면 수명이 길지 못하다.

▶ 귀의 색이 나쁘면, 최근에 하는 일이 막혀 있고 그로 인한 마음고생을 많이 하고 있는 상태다. 건강 또한 좋지 않아 내부의 장기능이 약화되어 있다.

▶ 쥐의 귀처럼 크기가 매우 작으면 단명한다.

# 11. 턱

## 1) 이상적인 턱

▶ 턱이 둥글면 늦은 나이에 영광스러움을
만난다.

▶ 턱이 풍부하고 둥그스름하면 재산이 많
아진다.

▶ 턱이 둥글면 돈과 재물의 주인이 되어
쌓인다.

▶ 턱이 둥글고 풍부하면 부자가 되고 턱이
단단하게 생겼으면 귀하게 된다.

▶ 턱이 평평하고 풍만하면 타인으로부터
좋은 일이 들어온다.

▶ 고관이 되어 귀하게 된 것은 턱이 넉넉하
게 생겼기 때문에 그렇다.

▶ 부귀하게 살면서 평생 활발히 사회활동 하는 것은 하정이 길기 때문이다.

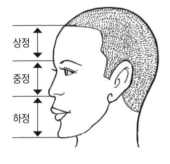

## 2) 턱이 긴 사람

▶ 언행에 신중하고 사리분별력이 있으며 사고방식이 어느 한쪽으로 치우치지 않고 중심이 잡혀있다.

▶ 배우자와 자녀에 대한 애정이 깊고 매우 가정적인 상이다.

▶ 남을 배려하는 마음과 의협심이 있다. 그러나 정에 약해서 남을 지나치게 신경써 주는 경향이 있다.

▶ 진지하고 열심히 일하는 좋은심성의 소유자다.

▶ 평온하고 행복한 인생을 보낼 상.

### 3) 턱이 짧은 사람

▸ 그때그때 상황에 따라 대처하는 순발력
  이 좋다.

▸ 깊은 사고력도 없이 성급하고 즉흥적인
  결정으로 오판하는 일을 주의하며 살아
  야 한다.

▸ 소극적이고 신경질적이다.

▸ 어른으로써의 자각이 약간 부족한면이
  있고 감상적이다.

▸ 여성은 애교가 있고 가정에 머무르기보
  다는 밖으로 나다니길 좋아한다.

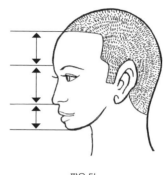

짧은 턱

### 4) 아감뼈가 발달한 턱

▸ 지배욕, 물욕, 정복욕, 식욕. 투쟁심 등
  욕망과 욕심이 남달리 강하다.

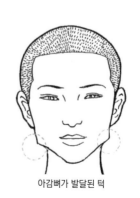

아감뼈가 발달된 턱

▸ 집념과 집착력이 강해 타인과의 갈등이
  나 남녀 애정문제에서 폭력 등을 조심
  해야 한다.

▸ 자존심이 강하고 자기 주관이 뚜렷하다.

▸ 고집이 세고 타협심이 적다.

▸ 여성은 가정을 꾸며도 자기위주의 생활
  로 인한 잦은 충동을 주의해야한다.

## 5) 이중 턱

▸ 금전운도 좋고 복을 넉넉히 받을 상
  이다.

▸ 여성의 이중턱은 성욕이 강하다.

▸ 이중턱에 눈동자에 빛이 나서 푸른 기
  운이 돌면 부귀하거나 고승이 된다.

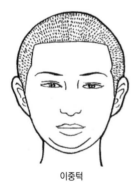
이중턱

## 6) 주걱 턱

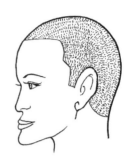

▶ 정에 약하고 자신을 희생하는 봉사정신
이 발달해 있다.

▶ 여성의 주걱턱은 이성에게 적극적인 편
이다.

▶ 턱이 앞으로 나와 있으면 늙어서도 왕성
하게 활동하며 장수한다.

## 7) 뾰족한 턱

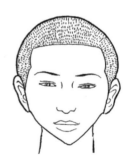

▶ 순발력과 심미안이 뛰어나다.

▶ 의지가 약하다.

▶ 부하 덕과 인덕이 그리 좋지 못한 사람이
라면 이것은 자신의 변덕스러움에서 비
롯된 것이다.

▶ 턱이 뾰족하든가 짧은 사람이 넓은 이마를 가지고 있으면 순발력이 지나쳐 사기성 있게 비쳐질 수 있으니 조심해야 한다.

▶ 이마는 넓은데 턱이 뾰족하면 하는 일이 자주 막힌다.

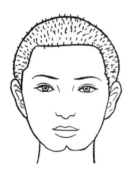

▶ 턱이 뾰족하고 뒤로 들어가 있으면 말년에 이르러 성공하기 어렵고 귀하게 될 수 없다.

▶ 턱이 주름 혹은 흉터가 있거나 뒤로 달아난 턱을 가지면 아랫사람을 돌볼 수 없다.

## 8) 중앙에 홈이 파여진 턱

▶ 성적인 매력이 있는 정력가다.

▶ 정열적이다.

▶ 새로운 것을 창조해 내는 능력이 좋다.

## 9) 주름 잡힌 턱

▶ 성실하고 부지런한 노력파다.

▶ 자기위주의 완벽함을 요구해서 주변 사
람을 늘 긴장하게 만들므로 약간 느슨하
고 여유 있는 마음 자세가 필요하다.

▶ 승장(턱의 중간 부분에서 아랫입술 사이)
에 깊은 주름이 있으면 부하들이 떠난다.

▶ 턱에 주름이나 점이 있으면 부하들이 따
르지 않는다.

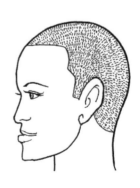

## 10) 앞으로 내민 아랫입술과 앞으로 나온 턱

▶ 어렸을 때 어머니가 아닌 타인의 손에
자란 상.

▶ 한쪽 부모와 인연이 멀었을 수 있다.

▶ 시기심과 질투가 많다.

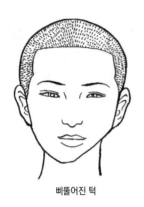

삐뚤어진 턱

11) 좌우의 턱이 비대칭으로 생긴 상

▶ 부모와의 인연이 먼 상.

▶ 성격이 고르지 못하다.

▶ 턱이 짧으면서 삐뚤어져 있으면 은혜를 원수로 갚는다.

▶ 턱이 뒤로 물러서 있거나 삐뚤어져 있으면 차량에 의한 사고를 조심해야 한다.

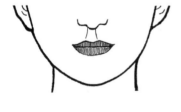

12) 턱의 색

▶ 턱에 윤기가 흐르고 밝은 색깔이나면 가정에 근심이 없고 경사스러움이 많이 쌓인다.

▶ 턱에 불그스름한 밝은 색깔이 있고 윤기가 흐르면 재물이 들어온다.

▶ 턱 색깔이 밝으면 집안이 편안하고 좋은
일이 생긴다.

▶ 턱이 불그스름하고 윤기가 흐르면 늙어
서 안락하다.

▶ 턱에 거무스름한 색이 나타나면 물에 의
한 손해나 사고 조심해야 한다.

▶ 법적인 문제를 조심해야 한다.

▶ 재산상 손해를 본다.

▶ 하는 일마다 이롭지 못하다.

▶ 턱에 거무스름한 색이 나타나서 뺨에까
지 나 있으면 50일 이내에 사망한다.

▶ 턱에 흐릿한 피부색이 나타나면 사람이
죽고 가정이 깨진다.

▶ 턱이 검푸르면 물에 의한 사고 조심해
야 한다.

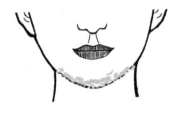

▶ 턱에 피부가 거칠면서 창백하면 재산상 손실이 있다.

## 13) 턱의 점

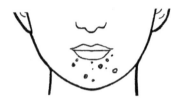

▶ 턱에 빨간 반점이 나타나면 차량의 손실이 있다.

▶ 승장(턱과 아랫입술 사이)에 빨간 반점이 나타나면 술에 의한 화를 만나든지 법적인 문제가 발생한다.

▶ 하정에 빨간 기운과 거무스름한 색이 섞여서 나타나면 재산상 큰 손해를 본다.

▶ 하정에 빨간 반점이 찍히는 것은 간 기능 저하이다.

▶ 하정에 빨간 반점이 나타나면 현재 거주하는 곳에 문제가 발생했다.

## 14) 사각 턱

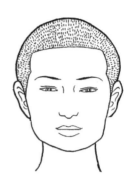

▶ 집념과 집착이 강하고 욕심이 많다.

▶ 감성이 무디고 자신의 희로애락을 잘 나
타내지 않으며 일하는데 많은 정신을 쏟
는다.

▶ 남녀간에 애정 표시나 기교가 단순하다.

▶ 여성으로서의 애교나 부드러운 감정이
무뎌서 무심하게 보일 수 있다.

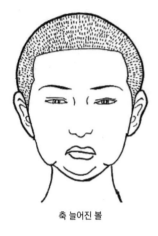

축 늘어진 볼

# 12. 볼

## 1) 살찌고 축 늘어진 볼

▶ 심술이 많다.

▶ 남의 말을 잘 안 듣는 고집불통 상이다.

▶ 어릴 때부터 길들여진 고집불통은 나쁜
  업을 쌓이게 만들고 그것이 나중엔 대인
  관계를 나쁘게 할 것이다.

▶ 중년 이후에 혈액순환 계통 건강에 좋지
  않은 영향을 끼친다.

▶ 나보다 타인을 먼저 배려하며 살아야 대
  인관계도 좋아지고 재산도 모인다.

## 2) 호박 볼 여성

▶ 호박 볼이란 양쪽 볼의 살이 지나치게 늘어지지도 않고 마르지도 않으면서 보기 좋게 도톰히 올라 있는 볼의 형태를 말한다.

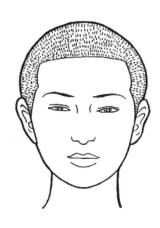

▶ 가정에 충실하고 내조를 잘 한다.

▶ 호박 볼 여성은 현모양처 상이다.

▶ 의지력, 돌파력, 체력이 약간 약하다.

▶ 볼에 윤기가 흐르면서 밝은 빛이 나타나면 시험에 합격한다.

## 3) 홀쭉한 볼

▶ 부지런하고 꼼꼼한 일벌레다.

▶ 인덕은 그리 좋지 못하다.

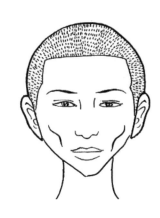

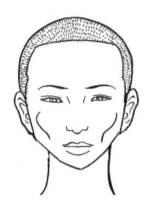

## 4) 이마가 넓고 볼이 홀쭉한 상

▶ 순발력이 뛰어나다.

▶ 자기 주관을 자주 바꾸는 변덕으로 인덕
  이 부족하다.

▶ 입 밖에 낸 약속은 반드시 지키며 살아
  야 한다.

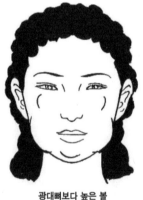

**광대뼈보다 높은 볼**

## 5) 광대뼈보다 높은 볼

▶ 여자의 볼이 광대뼈 보다 높으면 중년에
  이르러 부부 이별한다.

## 6) 볼에 생기는 보조개, 털

▶ 애교와 사교성이 좋다.

▶ 자유 분망한 나머지 가정에 머무르기보
다는 바깥으로 나다니기를 좋아하는 성
향을 갖고 있다.

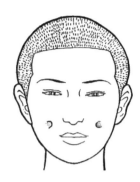

▶ 볼이나 귓바퀴에 난 솜털이 성인이 되어
서도 솜털이 눈에 띄게 많으면, 현재의
운기가 약간 막혀있거나 운이 늦게 트이
는 경향이 있다.

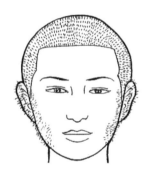

## 7) 볼에 찍힌 점(색)

▶ 약간의 방랑기질을 가지고 있다.

▶ 여성은 가정에 머무르기보다 집 바깥으
로 나가 활동을 하려는 경향이 강하다.

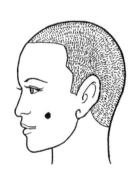

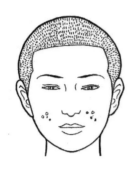

▶ 양쪽 뺨에 빨간 반점이 나타나면 부부 싸움이 일어난다.

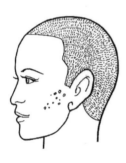

▶ 명문(귀 바로 앞, 뺨쪽)에 빨간색이 나타나서 콧대에 이르면 법정에 서는 액운이 있다.

▶ 명문에 빨간 반점이 생겨 입쪽으로 향하면 이틀, 혹은 일주일 이내에 액운을 만난다.

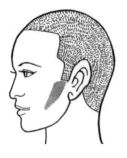

▶ 명문에 거무스름한 색이 나타나면 생명이 위태롭다.

▶ 명문에 거무스름한 기운이 뻗치면 귀신이 부르는 표시이다

▶ 뺨에 거무스름한 기운이 안개처럼 나타
나면 일주일 이내에 죽는다.

▶ 명문이 깨끗하고 밝으면 복을 받고 하는
일이 잘 풀린다.

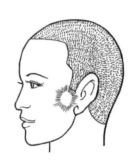

▶ 볼에 윤기가 흐르면서 밝은 빛이 나타나
면 시험에 합격한다.

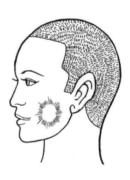

# 13. 법령

입주름(법령선)

## 1) 법령선

▶ 성공한 사람 중에 법령선 나쁜 사람은 없다.

▶ 법령이 중간에 끊어지거나 갈라지지 않고 뚜렷이 새겨진 선이 좋다. 이런 사람은 직업운도 좋고 심성도 안정적이며 주관이 뚜렷하다.

▶ 자신의 직업에 전문가 치고 법령선 뚜렷치 않은 사람은 없다.

▶ 여성의 뚜렷한 법령선 소유자는 여태 직업활동을 하며 살아왔거나 직업을 갖는 게 좋다.

▶ 법령선 부근의 밝은 피부색이면 무슨 일이든 발전적이고 일도 잘 풀리고 있다는 증거다.

▶ 지나치게 깊이 파여진 법령선은 어린시절에 사회생활을 한 사람이다. 자기 자신에게 엄격하고 타인에게도 엄하고 융통성이 없어서 마음의 여유가 부족하다.

깊이 파인 **법령선**

▶ 젊은 사람에게 뚜렷한 법령선이 그어졌다면 소년시절부터 직업전선에 뛰어들었다는 증거다.

## 2) 폭이 좁으면서 입 끝에 닿은 법령선

▶ 일에 대한 불평불만이 많다.

▶ 생활력이 그리 좋지 못하다.

▶ 중년 이후에도 법령선이 없거나 희미한 사람은 자신의 직업에 대한 애정이 없거나 직업을 자주 옮기는 사람이다.

희미한 법령선

### 3) 두 가닥으로 갈라진 법령선

▶ 직업을 자주 바꾸었거나 두 가지 이상의 직업을 가지고 있는 상이다.

▶ 사춘기 이전에 한쪽 부모와 인연이 멀었다.

▶ 여성은 재혼할 수도 있는 상.

▶ 도중에 끊어진 법령선은 한쪽 부모와 생이별이나 사별한다.

▶ 법령선이 한쪽은 긴데 한쪽은 짧으면, 한쪽 부모와의 인연이 멀고 건강이 좋지 않다.

▶ 법령선에 점이 찍힌 사람은 한쪽 부모와
  의 인연이 멀다.
  아니면 어떤 이유 때문에 부모의 임종을
  지키지 못하거나 장례식에 참석치 못하
  는 문제가 발생한다. 또한 중년 무렵에 직
  업의 급격한 변화를 겪는다.

▶ 법령선을 가로지르는 흉터나 주름이 있
  으면 부부가 이별한다.

▶ 법령선 부근에 거무스름한 그늘이 지면
  현재 가지고 있는 직업에 불안한 일이 생
  기거나 부모 혹은 가정 내에 좋지 않은 문
  제가 발생한다.

4) 힘이 없거나 탄력이 없는 느낌의

   법령선

▶ 의지력과 추진력이 약하다.


▶ 자기 주관이 뚜렷치 않다.


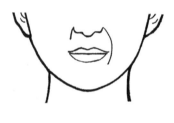

5) 좌우가 같지 않은 법령선

▶ 한쪽 부모와 인연이 멀었던 상.


▶ 직업에 대한 애정 부족이거나 자부심이
  없다.


▶ 성격적으로 결함이 있을 수 있고 육체
  적으로도(다리나 관절) 이상이 있을 수
  있다.

# 14. 관골

## 1) 관골(觀骨, 광대뼈)

▶ 광대뼈가 솟아 있고 풍채가 당당하면 건
강하고 이름을 떨치며 부귀하다.

▶ 살이 잘 감싼 광대뼈는 적극성과 신념이
굳은 노력파로 생활력이 강하다.

▶ 광대뼈는 뼈가 드러나지 않아야 좋다.

▶ 광대뼈가 적당히 솟아 있으면 재물이 모
인다.

▶ 광대뼈가 이마를 향해 있으면 재물을 얻
는다.

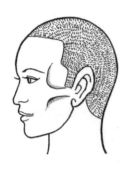

## 2) 옥양골

▶ 옥양골(玉梁骨, 광대뼈에서 귀로 연결된 뼈)이 있으면 장수한다.

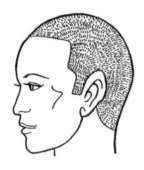

## 3) 튀어나온 광대뼈

▶ 여자 광대뼈가 콧마루 보다 위에 있으면 시샘이 많아서 빈방을 지키는 과부가 된다.

▶ 툭 튀어나온 광대뼈를 가지고 있는 여자가 남자 목소리가 나면, 일곱 남자를 얻어도 사이가 순조롭지 않다.

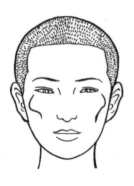

▶ 여자 광대뼈가 뾰족히 튀어나와 있으면 남편과 이별한다.

▶ 여자의 볼이 광대뼈 보다 높으면 중년에 이르러 부부 이별한다.

## 4) 좌우 높이가 맞지 않은 광대뼈

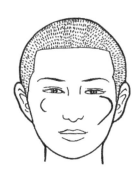

▶ 광대뼈의 좌우 높낮이가 다르면 한쪽 부모와의 인연이 멀다.

## 5) 옆으로 불거진 광대뼈

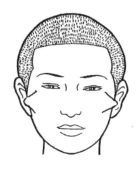

광대뼈도 앞으로 불거진 형이 있고 옆으로 불거진 형이 있다.

▶ 자신의 노력과는 다르게 힘든 일들이 많이 발생한다.

▶ 집을 떠나 먼 거리나 해외에 나가 사는 일이 생긴다.

▶ 여성은 남편과의 심각한 갈등을 일으키거나 헤어질 수도 있다.

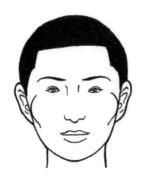

### 6) 광대뼈가 높고 눈이 작은 상

▶ 이기적이고 교활하며 매정하다.

▶ 자신의 능력 이상의 욕심을 부리면 실
   패가 잦다.

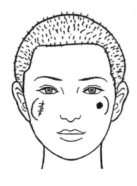

### 7) 점이나 흉터가 있는 광대뼈

▶ 저항심과 반골기질이 있다. 그 때문에
   주변 혹은 사회적으로 시끄러운 일을 벌
   인다.

▶ 이성과의 갈등을 일으킨다.

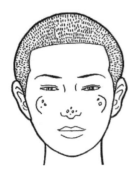

▶ 광대뼈와 준두에 빨간 반점이 생기면 남
   자는 치질이 생기고 여자는 출산에 어려
   움이 있다.

▶ 광대뼈에 빨간 반점이 생기고 푸르스름한 색이 깔리면서 입술이 창백해지면 중풍을 조심해야 한다.

## 8) 광대뼈의 색

▶ 광대뼈에 푸르스름한 색이 나타나면 출산에 어려움이 있다.

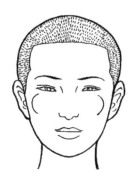

▶ 광대뼈가 푸르스름하면 형제간에 구설수가 있다.

▶ 광대뼈에 하얀 기운이 있어 창백하면 형제 혹은 가까운 친척이 큰 사고를 만난다.

# 신체부위로 본 길흉

▶ 여자 점 명칭과 의미

1 군왕부(君王夫) 2 구부(九夫) 3 방부모(妨父母) 4 소노(少奴) 5 재가(再嫁) 6 해친(害親) 7 방부(妨父), 방부(妨夫) 8 객사(客死) 9 손부(損夫) 10 산액(産厄) 11 방부(妨夫) 12 길(吉) 13 부리(夫離) 14 의부(宜夫) 15 옥(獄) 16 의잠(宜蚕) 17 의자(宜子) 18 귀부(貴夫) 19 방부(妨夫) 20 장명(長命) 21 액(厄) 22 겁도(劫盜) 23 장길(長吉) 24 호간(好奸) 25 소자(少子) 26 화액(火厄) 27 흉(凶) 28 방자(妨子) 29 곡부(哭夫) 30 호색(好色) 31 자진(自盡) 32 투기(妬忌) 33 수액(水厄) 34 쌍생(雙生) 35 살사자(殺四子) 36 구설(口舌) 37 방부(妨夫) 38 경부(敬夫) 39 총명(聰明) 40 수액(水厄) 41 질고(疾苦) 42 소전택(少田宅) 43 방비(妨婢) 44 대귀(大貴) 45 살부(殺夫) 46 자해(自害)

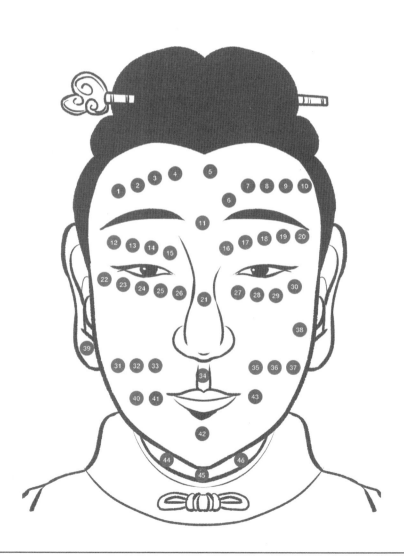

# 1. 상체와 하체의 균형

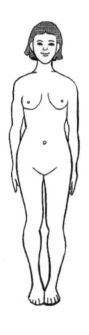

다리보다는 긴 다리가 선망의 대상이 되고 보기도 좋다.

그러나 관상적으로는 다리만 길다고 해서 좋은 것은 아니다. 그렇다고 짧은 다리가 좋다는 뜻도 아니다. 다리가 보기 싫을 정도로 짧지 않으면서 상체가 약간 긴 듯한 체형이 안정성 면과 대인 관계에서의 심리적인 면에서 더 좋다. 상체에 비해 다리가 휘청휘청 긴 사람은 몸을 쉬지 않고 분주히 움직이면서 살아가는 상이다.

# 2. 어깨

## 어깨가 위로 치켜 올라간 사람

▶ 의욕이 넘치고 허풍도 세다.

▶ 주변과의 타협심이 없고 독선적이다.

## 아래로 많이 처진 어깨

▶ 적극성과 뒷심이 부족하다.

▶ 가난하든가 명이 그리 길지 못하다.

## 좌우의 높이가 같지 않은 어깨

▶ 한쪽 부모와의 인연이 좋지 못하다.

## 3. 목

▶ 여자가 목이 굵고 젖가슴이 크면 남편을 억누르고 자식복이 없다.

▶ 목에 검은 점이 있으면 말로 인해 화를 당한다.

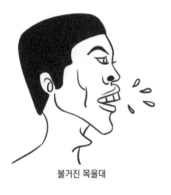

불거진 목울대

▶ 목의 울대(인후)가 툭 불거지고 이가 늘 훤히 드러나 보이는 상은 형제간에 우애가 나빠 떨어져 지낸다.

▶ 목의 울대가 툭 불거져 있으면 자식도 없이 객사할까 염려된다.

▶ 목울대가 튀어나오고 앞 치아가 늘 보이
면 타향에서 방황하다 죽는다.

▶ 음식을 먹을 때 고개를 쑥 내밀고 먹는
사람은 운수가 막히고 가난하다.

▶ 깡마른 사람의 목젖이 지나치게 튀어
나오면 가난하든가 긴 수명을 누릴 수
없다.

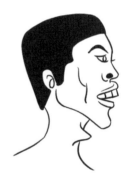

▶ 뚱뚱하면서 목젖이 도드라진 사람은 뜻
하지 않은 액운이 닥친다.

▶ 마른 사람이 목 길이가 짧으면 하는 일
  이 자주 꼬인다.

▶ 몸은 뚱뚱한데 목이 가늘고 길면 가난
  하다.

## 목의 정면에서 보이는 점

▶ 옛날엔 이곳에 점이 있으면 자살점이라
는 말이 있었다. 그러나 그런 의미가 아
니고 부부 사이가 나빠 갈라설 수 있는
점이다.

▶ 남편에게 점이 있으면 부인을 힘들게 하
고 부인에게 점이 있으면 남편을 괴롭
힌다.

▶ 목 옆의 점이 있으면 정력적이고 색정
이 깊다.

## 4. 배

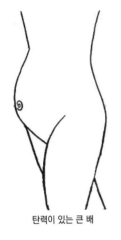

탄력이 있는 큰 배

▶ 몸의 체형과 비교해서 둥그스름하면서도 탄력이 있는 큰 배는 의지력과 체력, 활동성이 좋다.

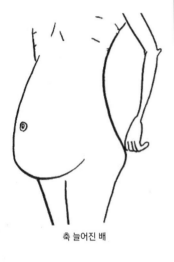

축 늘어진 배

▶ 큰 배라도 탄력이 없고 축 늘어져 있으면 순발력이 떨어지고 체력도 약하다.

▶ 몸 전체는 말랐는데 배만 크면 내부 장기의 질병을 조심해야 한다.

## 5. 배꼽

▶ 뱃가죽이 두터우면서 배꼽이 튀어나오 지 않고 깊으면 길상이다.

▶ 배꼽이 넓고 깊으면서 위로 향하면 복이 많고 마음도 넓다.

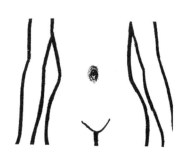

### 배꼽에 살구씨 하나가 들어갈 정도의 깊은 배꼽

▶ 그릇이 크다.

▶ 세상 보는 시야가 넓다.

▶ 뱃심이 있다.

▶ 여자의 배꼽이 얕으면 난산한다.

▶ 배꼽에 좁고 아래로 향하면 어리석고 요 사스러우며 복이 적다.

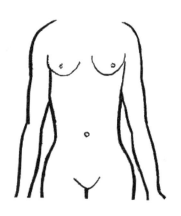

배꼽이 크면서도 깊이가 얕고 늘어진
느낌의 배꼽

▶ 경박스럽다.

▶ 주변 사람이나 이성과의 관계에서 문제
  를 자주 일으킨다.

▶ 결단성도 부족하고 진지함이 떨어진다.

검정 사마귀가 있던지 털이 3~4개 나있
는 배꼽

▶ 부귀하고 성공한다.

▶ 자녀로 인해 이름을 얻는다.

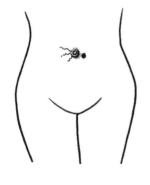

## 배꼽이 삐뚤어져 있든가 제 위치가 아닌 사람

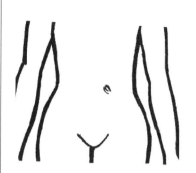

▶ 대인관계나 일에서 쉽게 순응하지 못하고 사사건건 반대를 일삼는다.

▶ 사람이나 일에 대한 혐오감이 커서 처세에 지장이 많다.

## 성인이 되어서도 튀어나온 배꼽

▶ 부부나 이성과의 관계에 변화가 많다.

▶ 인생에서 굴곡이 많다.

▶ 건강에 이상이 있을 수 있다.

# 6. 팔과 다리

▶ 늘 발뒤꿈치가 땅에 닿지 않게 걸으면서 얼굴색이 푸르스름하면 재산을 다 팔아 먹고 타향으로 달아난다.

살이 없는 다리

▶ 장딴지에 살이 없으면 배우자와 백년해로를 못하고 고독하고 가난하게 산다.

▶ 장딴지가 길기만 하고 살이 없으면 쉴 틈도 없이 바쁘게 다니면서 산다.

▶ 손과 다리가 거칠면 부귀하기 힘들다.

▶ 손과 발이 크면서 살이 없고 힘줄이 드러나 있으면 힘들고 가난하게 산다.

▶ 발바닥에 발선이 없는 사람은 하천하다.

▶ 발이 크더라도 살이 없으면 하천하다.

▶ 발이 비록 두터워도 모양이 바르지 않고 뒤틀려 있으면 힘들고 가난하다.

무늬가 없는 발바닥

▶ 귀인의 발은 작으면서 두텁고 천한 사람의 발은 크면서 얇다.

▶ 발이 거칠고 딱딱하면서 발에 선이 없으면 천하다.

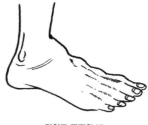

거칠고 딱딱한 발

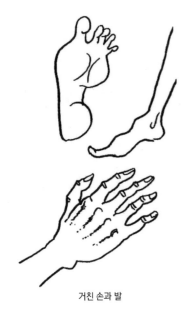

거친 손과 발

▶ 손발이 거칠고 딱딱하면서 힘줄이 불거져 나오고, 뼈가 툭 불거져 드러나고 꼬부라져서 마른 나뭇가지 같으며, 살결이 종기가 난듯 울퉁불퉁하면 가난하고 하천하다.

▶ 손마디가 거칠고 크며 메마르고 굳어져 있으며 발등에 살이 없어 야윈 사람은 고생하며 산다.

▶ 팔과 다리는 나무에 비하자면 뿌리와 가지에 해당된다. 팔과 어깨, 손마디, 무릎과 발가락의 각관절 부위가 지나치게 툭 불거져 나오면 그리 좋지 못하다.

## 1) 팔의 길이

▶ 예로부터 어깨부터 팔꿈치까지를 임금을 상징하는 용골이라 했는데 길고 커야 좋다.

▶ 팔꿈치부터 손목까지를 신하를 상징하는 호골이라 불렀는데 짧고 작아야 좋다고 했다.

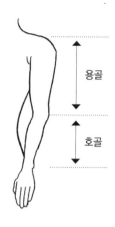

▶ 팔을 아래로 늘어트렸을 때 손끝이 무릎까지 내려오는 사람은 지혜로운 영웅의 기상이다.

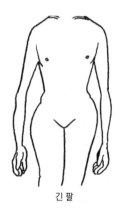

긴 팔

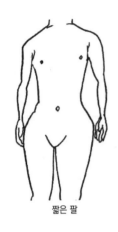
짧은 팔

▶ 허리까지만 내려오는 짧은 팔은 몸만 바쁘고 가난하다.

▶ 체격은 작은데 손이 큰 사람은 재물이 흩어지기 쉽다.

짧은 팔과 다리

▶ 체격은 큰데 팔다리가 짧은 사람은 의욕만 넘쳐날 뿐 경솔하고 가난하다.

▶ 이상적인 다리 형태는 무릎과 종아리와
발뒤꿈치가 붙은 다리가 길상이다.

## 2) 안짱다리

▶ 성실하다.

▶ 적극성이 떨어지고 소극적이다.

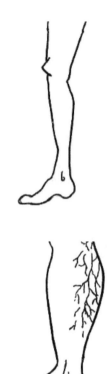

▶ 정강이가 작고 무릎이 뾰족하면 고독하다.

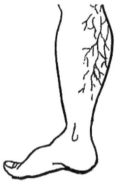

▶ 종아리에 힘줄이 선명하게 불거지면 늘 바쁘고 분주하게 다닐 상이다.

▶ 대화할 때 다리를 떠는 사람은 재산이 모이지 않고 새나간다.

# 7. 발바닥

▶ 귀인의 발은 크고 두텁든지 작더라도 살
  이 두텁다.

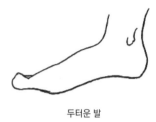

두터운 발

▶ 가난한 사람의 발은 살이 얇고 뼈가 드
  러나 있다.

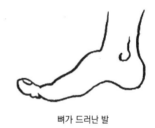

뼈가 드러난 발

▶ 엄지발가락뼈가 옆으로 불거져 나오면
  자식이 드물든가 자식과의 인연이 멀고
  부부 사이도 좋지 못하면서 고독하다.

불거진 엄지발가락 뼈

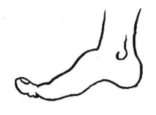

▶ 발이 크더라도 살집이 없고 얇으면 가난하다.

가로로 퍼진 발

▶ 발이 두터워도 가로로 많이 퍼진 넓은 발은 몸만 분주하고 성과가 적다.

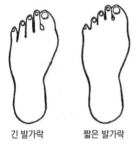

긴 발가락   짧은 발가락

▶ 발가락이 가늘고 길면 성품이 넉넉하다.

▶ 발바닥이 부드럽고 무늬가 많으면 귀하고 자손에게도 유리하다.

주름이 많은 발바닥

▶ 발바닥에 무늬가 없으면 성격이 단순하고 가난하다.

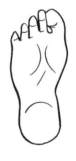

주름이 없는 발바닥

▶ 발바닥의 가로금은 중단, 좌절, 장애가 잦다.

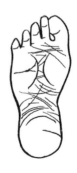

가로 주름이 많은 발바닥

세로 주름이 많은 발바닥

▶ 발바닥의 세로금은 발전적이고 운이 열리는 길상이다.

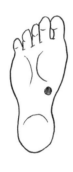

▶ 발바닥의 점이나 사마귀는 사람을 아래로 거느리고 재물운도 좋다.

# 8. 가슴

## 새가슴

▶ 가슴의 중앙 뼈가 앞으로 솟은 가슴을 말한다. 이런 사람은 엉덩이도 뒤로 튀어나온 형이 많은데, 이성운도 없고 소심하며 체력도 떨어지고 몸만 바쁘게 분주하다.

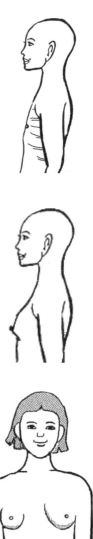

▶ 유방이 작으면 마음이 넓지 못하고 고독하다.

▶ 짝짝이 유방은 자식운이 그리 좋지 않다.

좌우가 다른 짝짝이 유방

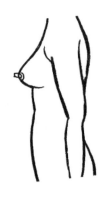

▶ 젖꼭지가 위로 향하면 귀한 자식을 둔다.

뾰족한 젖꼭지

▶ 젖꼭지가 송곳처럼 뾰족하면 재운이 그리 좋지 않고 일에 장애가 따른다.

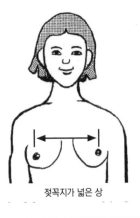

젖꼭지가 넓은 상

▶ 양쪽 젖꼭지 사이가 넓으면 건강하고 식복, 재복이 풍부하고, 사이가 좁으면 병약하고 재복이 적다.

▸ 유두에 긴 털이 서너 개 정도 나 있으면 세상 보는 시야가 넓고 박학다식하며 장수할 상이다.

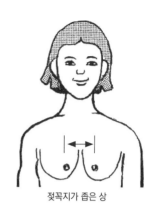

젖꼭지가 좁은 상

▸ 젖꼭지 좌우나 상하에 검은 점이 있으면 귀한 자식을 둔다.

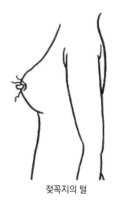

젖꼭지의 털

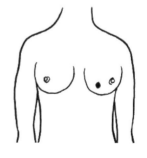

## 9. 항문과 생식기

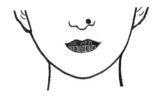

▶ 코 주변에 점이 있으면 생식기나 항문에 질병이 있다.

▶ 준두 부근에 점이 있으면 생식기에도 점이 있다.

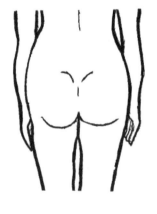

▶ 생식기 주변에 털이 없으면 의리가 없고 친한 친척도 없다.

▶ 생식기가 닫혀져 있지 않고 늘 열려 있으며 생식기에 털이 없으면 자식을 두기 어렵고 천한 상이다.

▶ 항문에 털이 많으면 성에 대한 감각이 예민하다.

# 10. 머리카락

머리 전체에서 머리카락이 난 부분의
비중이 큰 사람

▶ 변화에 대한 대처능력이나 순발력이 떨
   어진다.

▶ 고지식하고 보수적이다.

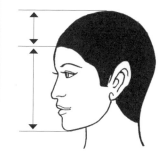

▶ 성격 변화가 크지 않은 안정적 성향이다.

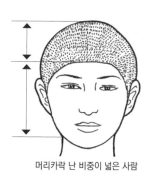

머리카락 난 비중이 넓은 사람

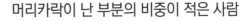

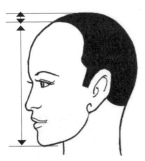

머리카락 난 비중이 작은 사람

## 머리카락이 난 부분의 비중이 적은 사람

▶ 변화에 대한 대처능력과 수완이 좋다.

▶ 진취적이다.

▶ 성격의 변화가 큰 편이다.

▶ 결이 곱고 부드러운 머리카락은 성격도 온유하다.

거친 머리칼

▶ 머리카락이 굵고 거칠면 성격 역시 거칠 고 강하다.

▶ 머리카락 색깔이 누르스름하면 고독하고
  여성은 색을 밝히고 음란하다.

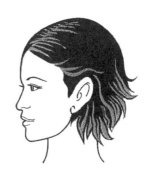

오관五官

# 11. 수염

▶ 수염이 노르스름하고 눈동자 색이 불그
스름하면 끝내 재난을 만난다.

▶ 수염이 뻣뻣하고 곧으면 성품은 강직하
지만 재물운은 그리 좋지 않다.

▶ 수염의 빛이 노랗든가 윤기가 없으면 고
독하고 노년 운이 좋지 않다.

▶ 수염이 돌돌 말리는 사람은 형벌 수가
있다.

▶ 수염이 쑥대처럼 빽빽하거나 난잡하면
대인관계 등에서 어려움이 있고 운수의
변화 폭이 크다.

▶ 수염이 빽빽하게 나고 거칠며 불에 그을
린 것처럼 누르스름한 색이 나면 부모와
등을 돌리고 자녀와도 사이가 좋지 않다.

▶ 수염이 짙지 않으면서 맑으면 50세에
이르러 이름을 얻는다.

▶ 수염이 숱이 짙지 않으면서 검은빛이 나
고 윤기가 흘러야 좋다. 이런 수염을 가
진 사람은 몸이 감옥에 갇힐 일이 생기더
라도 위기를 벗어난다.

▶ 수염에 윤기가 흐르면 건강 상태도 좋
고 마음도 안정적이지만 거칠고 푸석푸
석한 느낌이면 영양 상태도 나쁘고 심성
이 안정적이지 못하다.

▶ 수염이 부드럽고 고운 느낌의 사람은 성
  품도 부드럽고 재운도 좋지만 너무 부드
  러우면 용기와 기백이 모자란다.

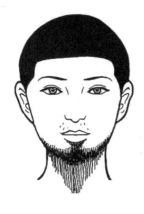

▶ 턱 수염만 나고 코 수염이 없으면 가난하
  고 고독하다.

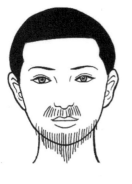

▶ 수염이 너무 듬성듬성 나서 살이 보이는
  것은 그리 좋지 않다.

▶ 중년 여자의 인중에 수염이 듬성 듬성
  보이면 과부가 된다.

거친 머리칼

오악五岳

남악
형산

중악
숭산

동악
태산

서악
화산

북악
항산

오른쪽

# 12. 음모

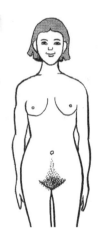

**타워형**

▶ 남성에게서는 종종 볼 수 있다. 하지만 여성이 이런 형의 음모를 가지고 있다면 성욕이 왕성한 호색가다.

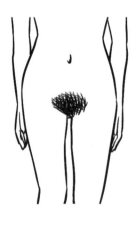

▶ 돼지털처럼 뻣뻣하고 짙은 음모의 소유자는 색을 밝히고 음란하다.

## 항문의 털

▶ 털이 있는 게 좋고 없는 사람은 가난하
거나 병약하다.

## 귀두나 음문에 점이 있는 남녀

▶ 귀한 자식을 얻는다.

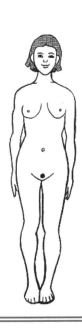

# 13. 목소리

말하는 모습과 음성을 듣고도 당사자의 미 래운과 심성을 엿볼 수 있다.

정신이 맑으면 기가 융화되면서 소리가 깊 고 맑은 음이 나오고, 정신이 흐리면 기가 짧고 빨라서 목소리 또한 안정감 없이 흐트 러지고 빠르며 목쉰 소리가 나온다. 이로써 목소리만 듣고도 상대방의 진정성과 심리 상태를 짐작할 수 있다.

귀인의 목소리는 마음의 기운과 서로 통한 뒤 하단전(배꼽 한 치 아래)에서 우러나와 목과 혀를 통해 표현된다.

마음의 기운이 단전 깊이에서 우러나오면 목소리도 무겁게 나오고 단전이 얕으면 목 소리도 가볍게 나온다.

목소리가 맑으면서 둥글고, 굳세면서도 밝으며 느리면서 힘이 실려 있고, 급하면서도 온화하고 길면서도 깊이 있고, 강하면서도 절도가 있고, 크기가 큰종과 같고, 높은 곳에 올라가 북을 쳐서 진동하는 소리와 같으며, 작기가 영롱한 물방울이 떨어지는 소리 같고, 거문고를 타는 소리 같으며, 그 기색을 보면 순수하게 뒤에서 응하여 목소리와 더불어 나중에 어우러지는 이는 모두 귀인의 음성이다.

소인의 목소리는 느리면서도 껄끄럽게 들리고, 급하면서 탁하고, 깊은 듯하면서도 막히고, 얕으면서도 메마르다. 크면서도 흩어지고 깨어진 소리가 나고, 가벼움과 무거움이 뒤섞여 안정감이 없다. 또한 흘겨보면서 절조가 없이 난폭하고, 번거로우면서 들뜨고 깨진 종소리, 찢어진 북소리와 같다. 갈가마귀가 새끼에게 먹이를 주는 것 같고 거위나 오리가 목이 멘 것 같고, 병든 짐승이 짝을 찾는 것 같다. 가늘기가 지렁이 우는소리 같고 벌레들이 밤에 시끄럽게 울며 광분하는 듯하고 개나 양이 우는소리처럼 천박하게 들린다.

소인의 목소리는 모두 혀의 끝에서 발하여 빠르고 성급하면서 툭 트이게 들리지 않는다. 이것을 일견 가늘고 상냥스럽고 얌전하게 들리지만 실은 뱃속이 검은 사람으로 천박하고 간사스러운 사고방식을 가진 자이다.

▶ 남자가 여자의 목소리를 가졌으면 힘들고 가난하게 산다.

▶ 남자가 여자의 목소리 같으면 가산이 파산된다.

▶ 여자가 남자의 목소리를 가졌으면 부부
  이별 수가 있다.

▶ 몸집은 큰데 목소리가 작으면 상대를
  기로 제압하지 못한다.

▶ 몸집은 큰데 소리가 작으면 단명한다.

▶ 인위적으로 목에 힘을 잔뜩 주어서 낮고 굵은 음을 내는 사람은 음흉스럽고 무식하다.

▶ 가성을 써서 목소리를 상냥한 척 하는 자는, 겉으로는 얌전한 것 같으나 실은 뱃속이 검다. 사고방식이 가볍고 처음은 좋은 듯하나 끝이 좋지 못한 사람이다.

▶ 혀끝만 움직이는 사람은 가벼워서 믿음을 주지 못한다.

▶ 소리가 가볍게 들리는 사람은 일을 결단함이 무능하다.

▶ 빈천한 사람의 목소리는 입술과 혀끝만 나불나불 움직여서 나온다.

▶ 목소리는 형체도 없이 기와 더불어 나
오는 것이니 천한 자의 목소리는 가볍
고 탁하다.

▶ 목소리가 빠르면서 가는 사람은 성급하
고 신중치 못한 성격이다.

▶ 중후한 느낌이 없는 가벼운 목소리는 처
음은 좋은 듯 하나 끝맺음이 흐지부지
하고 신중치 못하여 신뢰가 떨어진다.

▶ 소리가 흩어지는 느낌의 사람은 일관성
이 없어 하는 일마다 실패한다.

▶ 늘 목 쉰 소리가 나는 사람은 일시적으
로 좋은 운이 찾아와도 결국은 깨지고
운이 나빠진다.

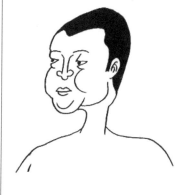

▶ 목 쉰 소리는 일시적으로 좋은 운이 와
도 나중엔 운이 나쁘다.

▶ 목소리에 징 깨지는 소리가 나는 사람
은 재산이 흩어진다.

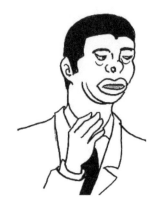

▶ 목소리가 메마르면서 고르지 못하고 처음에는 속도가 느리면서 뒤에 가서는 급한 사람은 하천하다.

▶ 목소리의 크고 작음이 고르지 않으면서 처음에는 빠르고 뒤로 갈수록 느려지고, 마음이 채 결정되지 않았는데 얼굴색이 먼저 변하는 사람은 천박한 사람이다.

▶ 목소리가 깨진 사람은 일 추진은 하지만 끝맺음을 못한다.

▶ 목소리가 탁한 사람은 일을 추진하고 진행하는 것에 발전이 없다.

▶ 목소리가 맑지 않고 탁하면서 낮은 톤의 사람은 좋은 운을 만나기 어렵다.

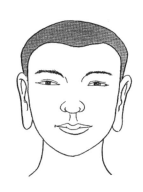

▶ 목소리가 거침이 없고 둥글면서 음폭이 넓은 사람은 언젠가는 금전운, 부부운이 좋아진다.

▶ 목소리가 시냇물이 흐르듯이 맑고 차면 귀한 사람이다.

▶ 목소리가 맑고 밝아서 항아리 속에서 울려 퍼지는 듯한 사람은 오복을 갖춘 사람이다.

▶ 귀인의 목소리는 단전에서 비롯되고 목구멍으로 넓게 울려나와 힘이 있다.

▶ 말을 하기 전에 얼굴빛이 안정되고 한 박자 뒤에 행동하고 대답하는 사람은 귀한 상이다.

▶ 이상적인 목소리는 단전(배꼽 아래 부근)에서 나오는 소리는 울림도 깊고 맑다. 이런 사람은 상대에게 신뢰를 줄 수 있으며 설득하는 힘을 가진 사람이다.

▶ 귀한 사람의 목소리는 맑게 넘친다.

▶ 목소리는 둥글어야 좋고 산이 가로막
  혔어도 들리는 것이 귀인의 목소리다.

▶ 몸집은 작으나 목소리가 웅장하면 높은
  직위에 오른다.

▶ 목소리가 너무 강하면 요절하기 쉽다.

▶ 목소리가 깨진 징소리 같으면 단명한다.

▶ 목소리가 불꽃이 일어나듯이 급하게 치
  솟으면 주변에 의지할 사람이 없다.

▶ 목소리가 너무 부드러우면 겁이 많기
  쉽다.

▶ 목소리에 늘 슬픔이 깃들어 있는 사람
은 실제 성격은 음험하며 고독하다.

▶ 쉿소리를 내는 사람은 고독하지만 착
실하다.

## 14. 대화의 자세

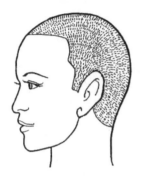

▶ 대화를 할 때 시선이 상대의 얼굴을 따뜻한 표정으로 주시하며 목소리에 뱃심이 들어가 있는 자세가 좋다.

▶ 말의 속도가 일정하면서 목소리가 낭랑하고 맑은 여운이 있는 사람은 순발력과 기지가 발달해 있다.

▶ 자신의 의견을 신중하게 정리하여 느릿느릿하게 말하는 사람은 신용도 있고 신뢰감이 든다.

### 눈을 감고 말하는 사람

▶ 마음에도 없는 아첨을 태연히 하면서 속마음은 음흉하다.

▶ 자신의 잇속을 챙기는데 능하다.

▶ 인정이 없고 얼굴이 두껍다.

▶ 눈을 습관적으로 자주 깜빡이는 사람
  은 신경질적이며 재산이 흩어질 수 있
  는 사람이다.

▶ 겉으로 드러난 것에서만 끈끈한 정이
  있는 것처럼 말하는 사람은 음모가 숨
  어 있는 경우가 많다.

▶ 별로 가깝지 않으면서도 지나치게 반
  가워하는 사람은 무언가 속셈을 감추고
  있고 정직하지 못하다.

▶ 눈을 아래위로 뜨면서 흘겨보는 사람
  은 기회주의자이다. 자신이 불리하거
  나 상대가 약점을 보이면 언제든 배신
  할 준비가 돼 있는 사람이며 자신의 작
  은 이익을 위해서라면 상대의 뒤통수를
  칠 사람이다.

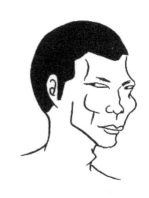

▶ 이야기 할 때 눈동자가 불안정하게 좌우로 움직이는 사람은 결단력이 없다.

▶ 대화 중에 입술을 자주 핥거나 아랫입술을 이빨로 깨무는 여성은 거짓말을 잘하며 허영심이 많다.

▶ 이야기 할 때 미간을 모으며 말하는 사람은 늙어서 고독할 사람이다.

▶ 혼잣말로 중얼중얼 하는 사람은 고독하
며 자신의 운을 나쁘게 만든다.

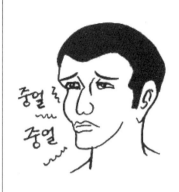

사독四瀆

강독
하독
제독
하독
강독
회독
오른쪽

# 15. 형(形)

　사람은 음양의 기를 받은 탓에 하늘과 땅의 기운을 닮았다. 그리고 오행을 근본으로 해서 만물의 영장이 되었다.

　그러므로 머리는 하늘을 본뜨고 발은 땅을 닮았으며 두 눈은 해와 달의 형상처럼 빛난다. 소리는 우뢰를, 핏줄은 강처럼 흘러야 되고 털은 풀과 나무같이 수려하고 빽빽하다.

　따라서 머리는 하늘처럼 높고 둥글어야 하고, 발은 땅처럼 모나고 두터워야 좋다. 눈은 해와 달처럼 빛이 나야 하고 목소리는 천둥처럼 울림이 있어야 한다.

　그리고 핏줄은 강물처럼 막힘없이 흘러야 하고 뼈는 바위처럼 단단해야 한다.

　또한 이마는 산처럼 미끈하게 솟아야 옳고 머리칼과 수염은 초목처럼 수려해야 좋다.

# 16. 신(神)

생긴 형상에서 피를 만들어 내고, 그 피는 기를 길러내고, 기로부터 신이 비롯된다.

따라서 물질 형태가 온전하면 기도 온전하고 기가 바르면 피도 온전하다. 이처럼 형태가 신을 길러낸다는 이치를 알아야 기 역시 완전한 것을 안다.

만일 기가 편안하지 않다면 형상 역시 안정되지 않는다. 신을 능히 편안하게 할 수 있는 자는 심신수련을 잘한 군자이다.

깨어 있을 때는 신이 눈 안에서 활동하고 잠이 들었을 때는 신이 심장으로 들어간다.

형상으로부터 신이 나오면 해와 달처럼 빛나고 만물을 볼 수 있게 된다. 그때의 신은 사실 두 눈 속에서 활동하고 있는 것이다.

따라서 눈이 밝으면 정신이 맑게 깨어 있는 상태이고 눈빛이 어두우면 정신도 흐려 있다는 것을 알 수 있다.

정신이 맑은 자는 귀하게 되고 정신이 흐린 자는 천하게 된다. 정신이 맑으면 잠이 적고 정신이 흐리면 잠이 많아지는 것이므로 잠이 많고 적음을 알면 그 사람됨이 귀하고 천함을 판단할 수 있다.

대체로 꿈과 현실의 경계는 신이 심장에 머물고 있을 때인데, 꿈이 보이는 것은 오장 육부로 느끼는 것과 실제 눈으로 보는 것과는 큰 차이가 없는 것이다.

그러므로 신이 느끼는 것과 눈으로 사물을 보는 것은 같다. 모든 것이 내 몸 안에서 작용하는 것에서 비롯되는 것이다. 따라서 꿈속에서 보이는 것은 내 몸 안에서 일어나는 작용으로 기인한 것이지 몸 밖에서 일어나는 것이 아니다.

'백안선사'라는 분이 꿈에 대해서 다섯 가지의 경계를 말했는데, 첫째는 영경(靈境)이고, 둘째는 보경(寶境)이고, 셋째는 과거경(過去境)이고, 넷째는 현재경(現在境)이오, 다섯째는 미래경(未來境)이라고 했다. 정신이 손상되면 꿈을 꾸게 되고 정신이 안정되면 꿈의 경계가 사라진다.

어떤 사물을 바라볼 때 물로 씻은 듯 맑고 밝아서 단단한지 부드러운 것인지, 가벼운지 무거운 물건인지를 짐작케 하는 것은 신이 몸 내부에서 활동하는 것이 겉으로 드러나기 때문이다.

신이 맑아서 눈에 밝은 빛이 나타나면 부귀한 사람이고, 눈빛이 흐리거나 어둡고 힘이 없으면 단명하고 복이 없다.

그러므로 얼굴과 몸의 형상이 참되고 안정된 사람은 그 신도 편안한 상태이고, 몸의 형상에서 허하거나 마음이 조급하게 비쳐지면 신 역시 괴롭다는 것을 짐작할 수 있다.

시(詩)에서 말하기를 "신이 몸 안에 있어서 형상으로 보지는 못하지만 신기를 기르는 것은 생명을 유지하는 근본이다"라고 말했다.

기가 씩씩하고 피 또한 그렇게 되면 신 역시 편안하다. 피가 마르고 기가 흩어지면 정신도 달아난다. 신이 바르게 보이고 맑으면 마음도 상쾌하고 기와 형상 역시 조화되어 정신이 맑아진다. 정신의 맑고 흐림이 얼굴 표면에 나타나서 능히 귀하고 천함을 정하는 이치를 어찌 말로 다 표현할 수 있으랴.

신은 겉으로 드러나지 말아야 하는데, 만약 신이 겉으로 나타난다면 신이 안정되지 못하고 떠도는 상태여서 반드시 나쁜 일이 일어난다.

관상에서 얼굴 형상이 좋지 못하더라도 신이 여유가 있으면 차츰 좋게 변하므로 신이 부족하지 않아야 된다.

정신이 여유 있게 되면 사람은 귀하게 되고 얼굴 형상에서 여유 있는 사람은 부유하게 산다.

무엇보다 신이 놀라지 않아야 되는데 신이 놀라면 수명도 짧아진다.

또한 신이 조급하지 않아야 한다. 무엇이든지 급하게 서두르면 행하는 일들에 잘못 판단하는 일이 많다.

관상은 먼저 그릇의 크기와 식견 여하를 살펴야 한다. 그릇이 큰 사람은 능히 상대방을 수용할 줄 알뿐더러 덕망도 크다. 학식이 높으면 사물에 밝고 심성도 맑은 법이다.

그릇이 작고 학식이 부족하면 비록 재물은 넉넉할지 모르지만 군자의 행실을 배웠다 해도 소인됨을 면치 못하리라.

## 신이 살아 있으면

- 눈빛이 맑고 선명하다.
- 눈을 옆으로 흘겨보지 않으며 눈썹에 윤기가 흐른다.
- 행동거지가 점잖다.
- 화창한 봄날에 흔들리는 봄꽃 같다.
- 일을 마주하면 호랑이가 깊은 산속에서 거니는 것 같다.
- 여러 날짐승 중에서도 봉황이 날개를 치며 구름 사이에 드러나는 것 같다.
- 말할 때 노여움을 표하지 않고 기쁘거나 화가 나는 일에도 마음까지 흔들리지 않는다.
- 움직임의 시작과 끝에 여유가 있고 얼굴빛이 맑다.
- 앉아 있는 모습이 무거운 바위와 같고 누워 있으면 갈 까마귀가 누각에 앉은 것처럼 흔들리지 않는다.
- 명예와 욕됨에 초연하다.
- 흔들리지 않고 성급치 않다.
- 신이 맑으면 재물과 명예를 누릴 수 있다.

## 신이 부족하면

- 술이 취하지 않았는데도 늘 술에 취한 듯 하다.
- 항상 술에 의한 질병이 있는 것처럼 보인다.
- 걱정거리가 없는 데도 걱정하는 듯 보인다.
- 졸리지 않는 데도 졸린 것 같다.
- 깊이 잠들지 못하고 설잠을 잔다.
- 울지 않았는데도 우는 것 같다.
- 갑자기 놀라다가도 금세 기뻐한다.
- 화나지 않았는데도 화난 것 같다.
- 하나도 기쁜 일이 아닌데도 기쁜 표정을 짓는다.
- 놀라지 않았는데도 놀란 것처럼 비쳐진다.
- 어리석지 않은데도 어리석은 것처럼 보인다.
- 두렵지 않은데도 두려워하는 것 같다.
- 행동이 안정되지 못하고 혼란스럽다.
- 얼굴이 어둡고 처량하게 보인다.
- 늘 잘못을 저지른 것 같다.
- 늘 제정신이 아닌 것처럼 보인다.
- 항상 공포에 휩싸인 듯 하다.
- 얼굴빛이 처음에는 밝다가도 금세 어두워진다.
- 목소리가 처음에는 쾌활했다가 뒤에 가서는 기어들어 간다.
- 신이 부족한 사람은 죄를 번번이 짓고 미치거나 나쁜 일들이 벌어진다.
- 신이 부족한 사람은 직업을 가져도 오래가지 못하고 자주 이직한다.

# 17. 기(氣)

산이 아름답게 보이는 것은 바위 속에 들어 있는 보석이 온 산을 빛내고 있기 때문이고, 흐르는 시냇물이 아름다운 것은 모래 속에 묻힌 금이 기를 내뿜고 있기 때문이다. 동양에서의 기는 서양의 에너지에 해당된다.

형상이란 곧 물질인데, 기가 물질 속에서 활발하게 움직여야 그 물질이 제 기능을 발휘하는 것이다.

그러므로 신이 안정되면 기도 평온해지고 신이 편안하면 기 역시 그렇게 된다.

기쁘고 화남은 신과 기의 작용이다. 신을 놀라게 하지 않으면 덕이 있게 되면서 중후하게 보이고 복이 들어온다.

세상의 물질을 크게 동물, 식물, 무생물로 나눌 때 식물 중에서도 여러 형태로 갈린다. 풀 종류와 나무 종류, 바다 식물 등 여러 갈래로 구분할 수 있다. 나무 중에서도 느릅나무, 싸리나무, 사과나무, 소나무 등 무수히 많은 종으로 갈라진다.

나무를 다듬어 그릇을 만들고 소리를 듣고 그 그릇의 크기와 좋고 나쁨을 구별할 수 있는 것을 신이한다.

기는 달리는 말과 같아서 말이 달음박질하는 데는 길의 좋고 나쁨에 따라 속도가 달라지듯이 군자는 나무를 고르고 잘 다듬어서 좋은 그릇을 만들어 내지만 소인은 이와 반대이다.

사람 각자의 그릇은 물질을 담아낼 수 있을 만큼 너그러워야 한다. 물질을 대함에 있어서 사랑스러운 마음이 있어야 하고 물질을 다스리는 데 있어서 올바르고 맑아야 한다.

그릇이 넓고 너그럽지 못한 사람은 일과의 관계에서 막힘이 많고 물질과 화합하지 못하고 애정이 없다면 어지럽게 꼬이게 된다. 마음이 맑지 못하면 신도 흐려지고 바르지 못하면 마음이 바르지 못하면 신도 삐뚤어진다.

기의 약함과 깊음을 본 뒤 들떠 있는지 혹은 안정된 색인지를 살피면 가히 군자와 소인을 구별해 낼 수 있다.

온전한 기를 가지면 시험에서 장원을 하고도 느긋하고 화애롭게 보이고 복과 장수를 누릴 수 있다. 말과 행동이 다급하고 고르지 않으면서 사나운 빛이 겉으로 드러난 사람은 소인이며 천박하다.

『의학경전』에서 말하기를 "한 번 들이쉬고 내쉬는 호흡을 일식이라고 하는데, 보통 사람은 일만 삼천오백 번을 숨 쉰다. 호흡은 사람에 따라 빠름과 느림이 다르므로 늙고 살찐 사람은 호흡이 가파르고, 어린아이와 여윈 사람은 느리다. 대개 호흡은 얼굴 표면에 나타나므로 그것을 관찰하면 그 사람의 길함과 흉함을 알 수 있다"라고 했다.

호흡은 흐트러짐이 날짐승의 깃털과 같고 그 모임이 곡식의 조와 같아서 호흡 모습을 바라보면 형체는 있으나 만져봐도 자국은 없다. 섬세한 마음가짐으로 이를 관찰하지 못한다면 길흉화복을 측정할 수 없다.

기가 나가고 들어옴에 소리가 없으므로 귀를 기울여도 살피지 못한다. 누워 자는 숨소리가 들리지 않는 호흡을 거북 숨이라 하는데, 이는 장수한다. 반대로 늘 호흡이 가쁘고 넘쳐서 몸까지 흔들리는 사람은 죽음이 머지않았다. 욕심에 어두워 자신의 이익만을 탐하는 자는 그 색과 기가 거칠고 사납다.

시에서 말하기를 "기는 곧 형상의 근본이 된다. 잘 관찰하면 밝음과 어리석음이 나타날 것이다. 소인은 성급하고 방정맞으며 군자는 너그럽고 차분하다. 기가 사납고 거칠면 재앙이 닥칠 것이오, 기가 깊고 안정되면 복록이 풍성하다. 이 법은 호해지사(湖海之士: 초야에 묻혀 살면서 큰 뜻을 지니고 있는 인물)를 중하게 여긴다 해도 받을 능력이 있는 자여야만 그것을 누릴 수 있으리라."

세상에는 운명을 예측하는 학문은 많지만 관상만큼 정확한 것은 없다. 하지만 잘못 해석된 내용으로 어설프게 배운 뒤, 관상에 대해 잘 안다고 착각하면서 관상가로 자처하는 사람들도 많다.

어떤 사람은 자기가 관상을 공부했고, 사주도 볼 줄 알며, 성명풀이도 할 수 있고, 주역과 타로카드에도 일가견이 있으며, 풍수지리까지 공부했다고 자랑한다.

여러 가지 운명학을 공부했다는 사람치고 무엇 하나 똑 바로 알고 있는 전문가는 없다. 수박겉핥기식으로 이것저것 손대며 공부한 탓이다.

그런 사람은 평생을 두고 한다 해도 끝내 어느 한 가지도 정통하지 못할 것이다.

관상은 일반 점술과 큰 차이가 있다. 관상은 일상생활에서 일어나는 현상과 상태를 온몸으로 보고 느끼면서 치밀하게 관찰한 후 통계를 낸 학문이다. 그 자료를 수 천 년 동안 내려오면서 맞지 않는 것은 수정하고 보완해 왔기 때문에 그 어떤 운명학보다 솔직담백하고 적중률에서도 비교가 안 될 정도로높다.

운명학은 관상 한가지만 공부해도 충분하다.

庚子年 戊寅月 本主

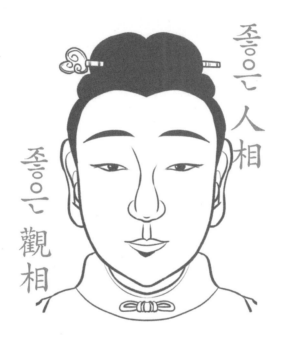

좋은 人相

좋은 觀相